U0100201

密教開運咒法

前言

人類每天因活在現世的各種苦惱而煩心，更想利用各種手段來擺脫這些煩惱。

其中也包括借助神佛之力在內。貼符咒，利用加持祈禱，希望開運，藉此以脫離苦境。

在加持祈禱中不可或缺的，就是「密教」，亦即密教的咒法（秘法）。關於這個密教的咒法，我利用本次執筆的機會，也學會了很多以往不知道的東西。

在各密教寺院相傳的密教咒法，有許多「不出門外」的秘法，功德極大，使無數的人得救。

在了解咒法的同時，也必須明白密教的本質。若不知密教為何物，則一張符咒就形同一張紙片，無法具有符咒強大的法力。

我這一回執筆著書，覺得特別的辛苦，這是因為在執筆期間，遭遇被細綁的現象，有關其細節，容後敍述。

尤其在寫龍猛菩薩之初，持筆的手不可思議的變得不自由，腦海一片茫然、睏倦、完全喪失思考力。

這會不會是「在家者」書寫密教咒法所該得到的懲罰呢？現象確實十分強烈。

於是，我前去拜訪自己所熟識的數名密教高僧，進行各種祈禱，接受他們的教誨。

在接受教誨的過程中，好幾次都差點打斷執筆出書的念頭。那是因為同樣都是密教僧，但每一位高僧各持不同的論調，對於我這種非宗教人，何況是淺學的人來說，不知如何去理解，也不知要如何地告知讀者。這種事情頻頻出現。

像本文中再三為各位提及的密教，就如同是「不可解」、「秘密」的代名詞一樣，並不是想要了解就能夠輕易去了解的東西。例如，某位高僧抱怨其他高僧的做法時，對方卻會以「我是直接得到大日如來的口傳」這個有名的話語來反駁。就像這般，密教的教義的確是「不可解」、「絕對」，故難以理解。

在自身陷入困惱之際，只好委由高僧為我校對原稿，藉以完成本書。對我而言，這是一大體驗。

但是，相反的，我很擔心自己所寫的有關密教的部分，那些只想了解密教咒法（秘法）的讀者是否真能了解呢？……我感到忐忑不安。

總之，經由各種過程完成了本書，值得慶幸的是，借助高僧強大的法力所賜，每一張符咒都接受過強力的祈禱，我相信其具有很大的功德。

若讀者想要使用本書的咒法時，可直接剪下符咒來使用，或當成範本，自己臨摹。

此外，在使用咒法時，有些事項是絕對要遵守的，先為各位說明一下：

在使用咒法之前，先想想自己是否已經盡力去解決問題了呢？不可一面臨痛苦或阻礙，就輕易地使用咒法。

在借助神佛的力量之前，是否已盡人類最大的力量，這是最重要的。如果不將人類本身之力發揮到極限，就算借助神佛之力，也無法充分地得到功德。

要充分考慮到這一點之後再使用咒法。

必須依本書中所介紹的方法來使用符咒，否則無效。例如，自己取不到凌晨兩點的水，而請他人代勞或更改取水的時間，這麼做都不具效果的。如果隨隨便便就能夠施行這個咒法，那還算是什麼秘法呢？

不怕辛苦，任勞任怨地去施行，乃是重點，藉此才能夠得到咒法的功德。

絕對要慎重其事！

這是密教咒法最重要的一點。如果能夠了解密教，就知其重要性了。

需要藉由自己的努力與苦行，才能夠與神佛合為一體，這才是「即身成佛」，才能使人類的潛力展露無遺。

在日常生活中，經常以十住心為鏡，反照自己，生存於世上的自己，若能努力成佛，就能輕易地擺脫苦惱。

至此，相信你就不必再依賴咒法，即使依賴咒法，也有很大的功德。

唯有借助自己的意識力，才能得到神佛以上的作用，這才是通往神佛之路的真正管道，希望本書能夠幫助你走出痛苦的人生。

於真言密教名刹草庵　**中岡俊哉**

目錄

第三章　消除育兒煩惱的密教咒法

第四章　去除男女感情煩惱的密教咒法

第七章　避開不幸或災難的密教咒法

第八章　使自己擁有強運的密教咒法

序章

我們因密教咒法而得救

突然面臨「破產」的危機

「啊！什麼？退票？」

大杉豐先生（四十二歲）聽到電話那一頭傳來的聲音，眼前一片黑暗，這個消息如晴天霹靂般地讓他難以置信。

「會不會搞錯了？麻煩您再確認一下。」

大杉先生極力地請求在電話那端的經理。

「沒有錯，K產業一千八百萬圓確實遭到退票。」

「唔……」

拿著聽筒的大杉先生，頹喪地坐在沙發上，一臉的茫然。

K產業是大杉先生所經營公司的最大客戶，本月預定從K產業得到約二千萬圓的支付金額，但如果少了這二千萬圓的收入……。

這對於這一年來慘淡經營的公司而言，確實打擊頗深，也可能會因此而破產。

「一定得想個辦法……」

大杉先生及時趕到公司，召開首腦會議，謀求對策。

「就算K產業的二千萬圓進來，但本月要支付三千萬圓，也還差一千萬圓，所以非得要湊足三千萬圓才行。」

經理垂頭喪氣地報告著。

「能不能利用銀行關係呢？」

「不可能的，上個月已經勉強請他們通融了……」

大杉先生等人徹夜地商量對策，卻無計可施。

「會破產嗎？……」

大杉先生拖著沈重的步伐回家了。

「怎麼啦？……」

因為不明原因而長期臥病在床的妻子阿秋，蒼白的臉愈加地蒼白，她勉強地坐起身來。

「不可以，妳一定要躺著休息……」

大杉抱著阿秋坐到了沙發上。

「你已經聽說了……」

「的確是很糟糕的事，搞不好會破產呢？只不過，還有半個多月的時間可以週轉，妳不要擔心。就算真的會破產……」

大杉先生說到這裡，不知要如何安慰妻子了。

「對不起，我幫不上你的忙……」

「妳安心地養病，不要操心吧！」

倒霉事接二連三地出現，今年是厄年嗎？

阿秋由於不明原因的病而倒下，那是一年前的事。每隔一天就會發高燒，且腰痛劇烈，雖然遍訪名醫，服用各種偏方，但是情況不見改善。大杉的長女（十七歲），也於半年前住進了精神病院，這一年可說是大杉先生的災厄之年。

「真的是厄年嗎？……」

主張無神論也不拜神佛的大杉，由於這一連串的不幸，心中開始產生動搖。

大杉迎向男子的大厄之年，亦即四十二歲。從前厄年開始，妻子就罹患疾病，以往長虹的公司業績也突然跌停板了。

「如果一定要面臨破產的話……」

大杉先生從第二天開始，就動員公司的首腦尋找對策，自己也四處奔走請人相助，卻無功而返。

「痛苦來臨時，只好求助於神了……」

在阿秋的建議下，大杉向自己的守護靈抄寫般若心經，以求脫離苦境。

「有沒有能夠脫離苦境的方法呢？這一年來，事事不順，是不是有什麼靈障作祟其間呢……？」

大杉來拜訪我。

「這個嘛……」

我當下也找不到解決的方法。經過各種查靈之後，發現確實存在幾個靈障。

「光是去除靈障，也不見得能夠脫離苦境。」

我建議大杉不妨嘗試密教咒法。

抱持孤注一擲之心求救於「密教咒法」

「非常嚴格哦！」

「再怎麼嚴格，我一定會盡力而為。」

大杉已經抱持必死的決心了。

於是，我建議大杉進行如下的密教咒法。

一、三週內不吃魚肉等殺生物。

二、禁止飲酒、喝茶。

三、到靈地去取凌晨兩點的水，用其水寫護身符，一日祈願三次。

四、在不吃殺生物的三週內，亦即二十一天內要唸十萬遍般若心經。也就是一天要唸五千遍，必須要不眠不休地唸。

「我願意試試看。」

為了解救公司，大杉開始嘗試苦行。

住在東京都內的大杉到靈地的高尾山去取凌晨兩點的水，以此水磨墨，寫咒法護身符。符上僅寫大杉的年齡數。

大杉不辭辛勞地拼命去做，雖然半個月內就要找出解決之道，但是秘法卻要進行二十一天。

一般人或許會因為這個日數差而放棄，但是大杉並不在意這一點，只是厲行秘法，想要取得其利。

大杉的苦行，公司的首腦大爲感動，甚至連那些小職員也開始展現行動，想要解救公司的危機。

就在大杉先生進行苦行的第十三天。

「社長，有好消息！銀行……」

一名重要幹部前來通報。以往交易冷淡的銀行，竟然願意貸款給他們，這真是奇蹟。

「謝謝。我得到利益了……」

大杉還是日以繼夜地繼續咒法的苦行。而且唸般若心經的次數也增多。

咒法的利益產生了奇蹟！

「社長，發生了不可思議的事情了！」

經理部長不敢置信地提出了報告。

以前儘管再怎麼奔波也收不到的二千萬圓，對方卻主動地送來了。

這是苦行秘法第十五天所發生的事情。

「謝謝，公司得救了……」

大杉喜極而泣，為了致謝，主動延長斷殺生的日數，同時，唸般若心經的次數也增加為一萬次。

「爲了妻子的疾病，我要努力……」

從公司倒閉的危機中獲救的大杉，也想要使用秘法來解救阿秋的病。於是，又進行較上次更為嚴格的苦行。

「老公，我的腰不痛了……」

在實行秘法不及一個月的時候，阿秋某日突然不可思議地這麼說。

阿秋的發燒及腰痛症狀一掃而空了。

「真是太好了，其實……」

這時，大杉才坦白告之，為了解救她的病而苦行秘法的事。

阿秋的病情日益好轉，真是令人難以相信。

「實在是不可思議啊……」

阿秋對於公司能夠得救，原本就感到不可思議，現在連自己忍受一年多的疾病也得以解脫，更是讓她嘖嘖稱奇。

不過，後來又發生了更讓阿秋感到驚訝的事情，那就是住在精神病院的長女卻突然能夠出院回家了。

「怎麼會有這般大的利益……」

比阿秋更為驚訝的是使用秘法進行苦行的大杉。

只有在痛苦之際才會想到神，能夠得到少許的利益是好的，就算得不到利益，也必須要努力修行。大杉在面臨苦惱之際，下定決心實行秘法，不僅解救了公司，連家人也獲救了。

大杉為了回報秘法的利益，決定一生斷絕殺生物，尤其是肉類，並且唸一百萬遍般若心經。

大杉先生的例子，只不過是利用密教秘法而得到利益的其中一例罷了。非得使用秘法不可的人，只要意志堅定，就能夠得到這麼好的利益。

第一章

使用咒法之前須知

超越人智的密教咒法之驚人法力

本書書名是「密教開運咒法」，希望讀者經由閱讀本書而能脫離困境，但為了使用正確的咒法，首先我必須為各位說明一下「密教」。各位必須在充分了解密教之後再使用咒法。

這是很重要的一點，因其與咒法利益的有無休戚相關。

請各位不要在一開始時，就考慮到咒法的「利益」問題。一旦談到「利益」，大家只會想到物質方面的利益。然而，佛卻會給予你物質與精神二方面的利益，因此祈禱與利益之間的關係非常清楚。

「密教」可說是「不了解」的代名詞，難以令人了解。對於並非宗教家的我而言，要以深入淺出的方式來介紹何謂密教，真是深感責任重大，也不知道自己是否能做得很好。

不過，請教鑽研密教二十餘年，多方面給我指導，教導我的真言密教的諸位高僧之教誨，如果能成為我的血與肉，我覺得自己也應該要負責任。

由曾祖母處了解密教的神奇

我是在四十年前，也就是一九四一年的春天，初次目睹密教的神通力。當時，讓我看到這神通力的，是在一九四六年，九十三歲高齡時逝世的曾祖母。曾祖母具有如男人一般的強悍與異常的信仰心。

她二十歲時就和密教僧相戀相愛，二人私奔，過了將近十年的山中生活。

這期間，曾祖母學會了密教者的丈夫之修行、經文、加持祈禱等，完全是經由口傳而學會的。原本就很虔誠，同時也承襲了丈夫強悍的男士氣概。和身為密教者的丈夫分手以後，自己也成為女行者。和丈夫分手後的曾祖母，累積密教修行，輾轉到日本各地去。過了五十歲以後，住在千葉縣館山，以一幅曼荼羅的掛軸為本尊，接受衆人的請求，使用法力，進行加持祈禱，幫助衆人。

一九四一年三月三十一日，曾祖母受到來自鴨川的根岸的請求，試著為他找尋失踪的兒子。曾祖母焚燒鹽膚木，看著熊熊燃燒的火焰，終於張開了口說話：

「現在，你的兒子還活著，但是已經漸漸地走向死亡之路。我聽到他那無力的腳步聲，看到他那沒有生氣的臉，真是令人悲傷，你的兒子只剩下二天的生命了……。」

曾祖母斷然地說著。

大約三個月以後，已是六月中旬，根岸接到兒子戰死的公報，知悉兒子在三月三十一日戰死。這件事情為我帶來強烈的打擊。我問曾祖母，為什麼會發生這麼神奇的事呢？

「是神讓我看到、聽到的，你也想要成為密教者嗎？」

孩提時期的我，對曾祖母所說的話，只是一笑置之。

一九四四年，我到中國大陸去時，曾祖母為我祈禱，希望我平安無事。

「雖然看得不清楚，但是這社會動盪不安，你會捲入這漩渦中，而無法動彈。你能夠平安無事地回來，但是那已經是很久以後的事了。那時候，我已經死了。」

當時，曾祖母所說的是指日本戰敗的事，而我也因而滯留在中國大陸長達十五年之久。可是，當時我並不明白，結果事實正如曾祖母所說的。

在革命下的中國所進行的破除迷信的人民審判

滯留在中國期間，我目擊到許多不可思議的現象。在這其中，最令我難以忘懷的現象就是，在中國山東省泰山（這山是靈山，自古以來也是著名的刑場，與密教有密切的關係）所進行的破除迷信的「人民的審判」。

這一天，山頂上聚集了四十餘名中國男女。從早晨旭日東升時，從山頂可以眺望到周圍的山峰，以及廣大的河流。在這麼美麗的風景中，聚集在山頂上的人，周圍卻瀰漫著異樣的氣氛，甚至有很多人因為緊張而使臉部呈僵硬狀態。

對我而言，即將開始的人民審判實驗會是我初次見到的場面，具有極大的社會意義。

「我們要破除迷信，絕對不允許擾亂人心的非科學事物的存在。」

實驗時，軍隊的政治工作員開始演說，說明密教老僧李清雲的密教法力是騙人的。這實驗的確令人震撼，是要嘗試看是否能用法力擊落在泰山山頂上空飛翔的烏鴉。不僅如此，同時也有數名射擊技巧高明的士兵用來福槍發射，與其競爭。

「準備！」

政治工作員一聲令下，老僧和士兵看著上空的烏鴉。一隻烏鴉在空中飛翔，突然落在山頂上。大家可以想像得到，被亂槍射殺的烏鴉。但是，烏雅的身體卻完全沒有傷痕。

原來法力戰勝了槍炮。當時的驚訝，到現在我都難以忘懷。

聽說李清雲老僧也曾藉助法力，斬斷籠罩在空中的黑雲。

打破禁忌的神奇密教法力實驗會

在靜岡縣三島的某位實業家的別墅，我親眼目睹了密教的法力，而成為我研究的關鍵。

一九六九年九月這一天，在別墅的大廳，除了我以外，還聚集了有志者十二人，以及當時六十五歲的真言密教僧——T師（其人不希望公開姓名，因為密教的秘法並未公開），共十四人。大廳中，點著三盞微暗的電燈，瀰漫著異樣的氣氛。大廳中央，有小餐桌和一些細長的桌子，而我們就圍坐在細長的桌子前。

密教的咒法是禁止一般人看的，所以T師當然非常辛苦。

「那麼，……我們開始吧！」

向這一夜專誠前來的宗教研究家一一打過招呼以後，很快地就開始了。

T師站了起來，坐在小餐桌前。在他的前面，點著一百支蠟燭。

T師花了很長的時間，面對著燭火唸經，結印，切九字。然後，站了起來，走到我所坐的桌子一端坐下。

根據密教的咒法，T師能夠自由地移動距離三公尺遠的蠟燭的火焰，能夠使熔化掉落的蠟燭朝水平方向流下。這也是秘法中，最困難的技巧，很少有人會。

完全無風，被封閉的大廳非常悶熱，我們也覺得呼吸快停止了。

「咕……。」

在T師的呻吟聲下，整個大廳備感其壓力。我一直看著T師與蠟燭。

T師的眼中閃耀生輝，充滿了一股壓力，更是讓我覺得不舒服。過了數分鐘以後，……。

「嗚……。」

這時，大廳上盪漾著驚人的呻吟聲。原本激烈搖晃的蠟燭火焰突然禁止不動了，靜止的火焰愈來愈長。

T師的表情並沒有改變，只是凝視著蠟燭火焰的眼睛，有如散發著妖光一般。

蠟燭火焰的外炎先朝著外側倒下，接著是中炎，最後是內炎都倒下。整個火焰有如被線

拉著似地，倒向側面，持續燃燒。

這時，T師口中喃喃地唸著簡短的咒語，熔化的蠟和火一樣，也朝著側面流去。

「請你們看一看尊體。」

T師稍作休息以後，換了新的蠟燭。點燃燭火以後，同時唸經文，結印，切九字。紅黃色的火焰開始伸長，火焰伸長至十二、三公分。

終於感到有如從內炎開始，一分為二似地，在火焰中，形成了一個物體，很明顯地是大日如來的尊體。有很長的一段時間，尊體一直浮在火焰中。

篤行密教嚴格修行的僧侶，能夠讓尊體出現在火焰中。但是，在能夠使用這法力之前，需要十年、二十年的修行，所以縱使是一些修行僧，也無法使尊體出現。

T師說，自己的法力是「即身成佛的領悟結果，是得道領悟的結果」。但是，我只能以驚訝來形容。由於這些體驗，因此我深受密教吸引，對密教抱持濃厚的興趣。

密教仍隱於神秘面紗中

密教是不可解的代名詞。對於有如謎一般的密教，衆人的關心度與日俱增。當然，這也是因為人類與生俱來的窺視心，而對「秘密」產生興趣之故。

但是，更重要的一點是，有許多人想要追求「現世利益」。能夠利用神奇的法力，而得到現世利益，的確是頗富魅力的事。

和以前相比，密教的秘密的確是公開了許多。但是，還是封閉在一道秘密的厚牆內，所以現在仍然是不可解的代名詞。連我也會想要撞開這道秘密的厚牆。

十年前，執筆寫下『密教念力入門』，受到一些阿闍梨的責難，說「在家人懂什麼，只是任性而為，以興趣為主的書而已」。

此外，在電視節目「星期三特別節目」中，企劃高野山想要製作節目時，也曾引起支持與反對者二派的結論。高野山所出版的『高野山時報』，以很大的篇幅報導了這一件事。

對於我的著書和電視節目持肯定態度的一位阿闍梨，引用弘法大師的「賢者的說默待時待人」，認為「只是著重於秘密這一點，把至寶當作臭東西，想要隱藏，其實根本不需要這麼做」，表明希望秘密能夠公開的積極態度。『密教念力入門』自出版以來，十餘年以來，成為長暢銷書籍，擁有二十萬名讀者，連我自己也感到很驚訝。這些讀者近四成是年輕的僧侶，有很多是學習密教的人。據他們的說法，「閱讀以後，對密教有了深入的了解」。也有人說，在某個密教道場，把書當成教材來使用。

我是為了讓一般人了解密教，才寫下這些書，卻沒想到專門人士如僧侶等，也使用這些書。同時，學習密教的年輕僧侶給予這些書的評價是「非常了解密教的書」，我感到非常驚訝。我感到相當迷惘，於是和某位高僧商量，這位高僧說：

「門外漢所寫的東西當然易於了解。自己想要了解而寫下的東西，和想要把知道的事物告訴他人，而寫下的東西，說服力自是不同的。」

我得到的是似懂非懂的答覆，很遺憾的是，到現在我還是不太懂。

不過，任何事物成為秘密時，具有二面。換言之，這事物本身的秘密無法解開，或是這事物本身不是秘密，只是一旦解開，可能會產生害處，所以把它當成秘密。

例如：任何職業和技術依照本身熟練度的不同，而決定技巧是否純熟。但是，還是有很多不能傳授的秘密。此外，像劇藥、毒藥並不是秘密，如果落到壞人手中，就會成為有害的東西，所以必須視為是秘密。

密教也具有這二面，像我這樣的人寫密教秘法，究竟是好或壞，我也不得而知。無論如何，我還是寫了「密教咒法」。

撰寫本書期間所發生的神奇事件

在我寫密教咒法的時候，也詢問許多密教關係者，找尋資料。希望能夠更容易了解，而且得到更正確的資料。執筆時，我本身也遭遇了可怕的經驗。

這可怕的經驗是從整理資料的時候開始的。我把包括高僧在內，從密教者那兒所聽來的話，都錄在錄音帶裡，然後再重新聽過，作一整理。可是，三位密教者的談話在中途卻消失了，而且這是非常重要的內容。原本我以為這是操作錄音帶錯誤而造成的。但是，三個人所談的相同內容的部分，怎麽可能就這麽消失，然後又回來了呢？這是數年來，我慣於使用的錄音機，所以在操作上，應該不會失誤才對！

問題不只是錄音帶，連資料的影印本也消失了。十二張影印紙怎麽找都找不出來。

不只是如此。有一次，我緊緊地被捆綁住，好像石頭一樣，緊緊地被綁住，動彈不得，是令我深感不安的感覺。

尤其是在我寫的龍猛菩薩的時候，右手痲痺，無法動彈，想動都動不了。而且，不只是右手無法動彈。甚至原本清楚的意識都開始變得茫然，連眼睛也睜不開了。

這狀態持續了三天。我實在受不了，於是到高野山去，請教熟悉的高僧，請求他為我祈願，允許我執筆寫密教咒法。

終於能夠重新執筆了，但是在無意識中，卻重新寫下許多部分，甚至有的地方重寫了六、七次。談及密教秘法以前，先為各位敍述何謂密教、真言密教。

密教起源於古印度

百科事典中，對「密教」的介紹如下：

「佛教的一流派，與顯教相對照的稱呼，也稱為秘密佛教或真言密教。在印度大乘佛教的末期（七世紀後半期）才興起的佛教一流派，以大乘佛教的『般若經』、『華嚴經』的思想，以及中觀派、瑜伽派等的思想為基礎，受到印度教的影響而成立。據說這密教的獨立是來自『大日經』與『金鋼經』的成立。

但是，在此以前，許多密教系的經典已經成立。密教的萌芽期可追溯至遙遠的吠陀時代。換言之，在吠陀時代，因為曼荼羅（真言）祈求禳災招福，後來將曼荼羅視為神聖的思想也出現了。

原始佛教教團嚴禁治病、延命、招福等世俗的咒術與密法，後來卻表現出承認這些咒術與密法的傾向。在大乘佛教時代，大乘教典中的陀羅尼明咒就已經出現。此外，也成立獨立的密咒經典。這些密咒經典訴說供養法、結界作壇法、護摩法、印契、陀羅尼、曼荼羅等，並非佛教的本流，因此視之為雜部密教。

六五〇～七〇〇年左右，成立『大日經』與『金剛頂經』，強調利用密教的實踐而速疾成佛（即身成佛），稱為純粹密教，密教就此獨立。」

這是對於密教的概略敍述。

此外，中村直勝文學博士在『嵯峨帝及其御所』一文中，有以下的敍述：

「沒有比真言宗更難解的哲學。真言宗所尋求的，並不是頭腦的訓練，而是利用五體體驗的智識。不是在教導，而是在領域。

真言密教的教旨是人心的訓練，人心作用的剖析。想要以曼荼羅描繪出人心的不可思議，是很難解的。人心的作用會無限擴張，伸展，是一切的森羅集結於大日如來的教誨。」

由這一篇文章中，可以了解到，密教是領悟、體驗的教誨，而且非常深遠。

因此，我只能以淺學之筆為各位探討密教。

釋迦涅槃後八〇〇年，密教才成為宗教

密教的字眼廣泛流傳。例如：西藏的喇嘛教、尼泊爾的密教，以及日本的修驗道、台密、日蓮宗的加持祈禱都包括在內。原本西藏、尼泊爾的秘密教是屬於原始的宗教，而其發達過程較低，與眞言密教無法相比。

雖然字眼的意義範圍相當廣泛，不過以真正的意義而言的密教，才是真言密教。

想到密教，就會有人探討密教與釋迦的關係。釋迦如來所說的教義是顯教，大日如來所說的教義是密教，密教並不是訴說釋迦如來的教誨——有人有此一說。

但是，問題在於釋迦如來所說的教誨是佛教。如果密教不訴說釋迦如來的教誨，就表示密教不是佛教了。但是，這是錯誤的想法。因此，密教也是佛教的一部分，訴說釋迦如來的教誨。

以歷史而言，密教建設者龍猛菩薩掌握釋迦教的真髓，想要使當時存在的宗教都調和統一。關於密教的起源，在『付法傳』一書的記載是：

「始於大日如來在秘密法界殿說法。」

換言之，密教是隨著宇宙的存在而開始的。隨著宇宙的存在而存在的教誨，當成宗教而流傳，是在釋迦涅槃後八百年所出現的龍猛菩薩推廣的。龍猛菩薩在南天鐵塔接受教誨。南天鐵塔中，有金剛薩埵把這密教傳給龍猛菩薩。

關於這傳授密教的場所，有人說南天鐵塔並不是實際存在的。這也是龍猛菩薩的理想之地。有人說，這塔是理想（心）塔，有的人則說是實際存在的塔，有各種不同的說法。

在此，為各位介紹一下真言密教在歷史上的重要作用。不過，金剛界系與胎藏界系有若干的不同，在此所列舉的，是在各地的密教寺當成八祖祭祀的八人。

八祖為龍猛菩薩、龍智菩薩、金剛智三藏、善無畏三藏、不空三藏、一行禪師、慧果阿闍梨、弘法大師，密教的起源始於大日如來，由龍猛菩薩發揚光大。

由龍猛菩薩所倡導的印度密教，後來傳到東、南、西、北。為大家所熟知的龍猛菩薩的弟子，雖然只有龍智菩薩，但是將密教本經翻譯成中文的，包括金胎兩部（金剛智所翻譯的以『金剛頂經』為主的「金剛頂部」與善無畏所翻譯的以『大日經』為主的「胎藏部」）大經等，有許多的經文。

有如孔雀經一般，敍述鬼神、夜叉、山川之名的經文，也有廣泛弘揚佛功德的三十卷的教王般的經文。此外，明王、菩薩的教誨、思想，也廣為流傳。

由這一點來考量，密教的確曾經盛行一時，不斷流傳於各地。此外，到過中國的菩薩流支與般若三藏等人，全修過咒法。由此可知，在印度密教非常盛行。

因此，傳導者也應該相當多。換言之，應該是有一百個龍智菩薩，一千個達磨掬。但是，遺憾的是，我們並不知道這些傳道者的名字，只能夠透過中國的歷史，來想像印度而已。

七世紀初期傳到中國

中國的密教從晉朝的吉友翻譯孔雀經開始，漸漸地從印度傳來，而純密教的傳道者，進入中國的是善無畏三藏，那是西元七一六年時的事。這也是初次進入中國的傳道者。

四年以後，金剛智三藏帶著不空三藏進入了中國。當時，唐玄宗所皈依的一行禪師，就入這善無畏三藏之門，使密教的聲價與日俱增，這也是配合時勢要求的結果。

但是，遺憾的是，一行禪師很不幸地在四十五歲，即開元十五年時逝世。過了六年以後，金剛智三藏告逝世。三年以後，善無畏三藏也過世了。

在善無畏三藏死去的開元二十三年，不空三藏還是三十歲的年輕人。但是，很快地繼承遺志，接受皇帝的保護，遠渡印度，前後留學六年。回來以後，集善無畏三藏的胎藏界系與金剛智三藏的金剛界系之大成，振興密教，使中國佛教產生很大的變化。

但是，依看法的不同，有的人認為這是中國佛教最後的發展，即中國十三宗後來沒有任何發展。然後，就發生了著名的武宗的會昌廢佛（八四五年）事件，使密教這以帝室為主，而發展的宗教受到根本的打擊，而告滅絕。中國人的密教具有一百二十年的歷史。

日本的密教之祖為弘法大師（空海）

在日本，打開日本宗旨的是真言宗。真言宗是由弘法大師（空海）所組織的。有許多有關弘法大師的書籍刻正流傳中，在此只為各位敍述重點。

弘法大師本名空海，在七七四年六月十五日，出生於現在的四國香川縣善通寺市。幼名真魚，自幼便聰慧，人稱之「神童」。

空海在七歲時，登上五嶽山的一峰，向諸佛發誓要救濟一切衆生。從峰上跳下來時，釋迦如來現身，好像證明其誓願不是無用的發誓似地，使其身心沒有受到任何損傷。

當時的峰稱為「我拜師山」或「出釋迦山」，而廣為流傳。

十五歲時，空海跟隨阿刀大足學習論語、孝經。十八歲時，到京都進入大學，學習四書五經等漢學。不過，空海並不因為世間一般的學問而感到滿意。當時，跟隨石淵寺的勤採大德學習虛空藏求聞持法。為了修行，而到四國、山陽、山陰、東海地方的山川各地。不論寒暑，都進行艱苦的修行。

二十歲時，空海在和泉槇尾山寺出家。二十二歲時，在奈良的東大寺接受具足戒。當時，空海在佛前說：「我遵循佛法，經常尋要，心神絕不疑三乘五乘十二部經，僅願三世十方諸佛示吾不二。」

如此向佛請願。當時，以大和山城為主，遍行諸國的名山靈剎，尋求不二之法。二十四歲時，寫下『三教指歸』三卷。

空海尋求不二之法，煞費苦心。有一次，借助靈夢之力，在久米寺發現了『大日經』。而且，向前輩請教這經文，也自行研究，但是卻無法釋疑。

空海在九世紀時到中國，接受密教的秘傳

於是，空海在三十一歲時，決定到中國。搭乘遣唐使的船，抵達中國長安的空海，住宿在西明寺，遍訪諸寺名僧。在青龍寺，見到慧果阿闍梨，接受他的教誨。

阿闍梨是不空三藏的弟子，六十歲，因為沒有能夠傳授密教秘傳的弟子，而感到心痛。看到空海以後，很高興地說：「我已經等你等很久了，你怎麼來得這麼遲。」

當年六月上旬，空海接受胎藏灌頂。七月上旬，接受金剛灌頂壇。八月上旬，得到阿闍梨位灌頂。在慧果阿闍梨的衆多弟子中，得到金胎兩部傳授者，只有義明供奉、空海二人，

其他的人只得到胎藏或金剛一種。

十二月十五日，慧果阿闍梨進入他界入滅。

空海也見到般若三藏、牟尼利三藏、南天竺的婆羅門等，詢問天竺的事情，並學習梵語。空海在長安住了一年，於大同元年（西元八〇六年）十月回到日本。

空海的真言密教在嵯峨天皇的支持下，得到榮顯

回國後，空海向朝廷提出上奏文，自己則留在大宰府，教化衆人，施法益，在博多建立東長寺。大同二年（八〇七年），空海上京，住在槇尾山寺，同時在久米寺講述大日經疏。

從嵯峨天皇即位開始，就深受空海的吸引，經常請益於空海。當時，傳教大師（最澄）的弟子，在弘法大師（空海）處留學的人很多，甚至捨棄天台，而成為空海弟子的人也不少。由此可知，空海德心之深。

弘仁七年（八一六年）六月十九日，空海請求天皇賜他高野山地，獲得了天皇的首肯。這是空海在到中國以前，從大和吉野向南行。再向西行時，發現有高原地，認為最適合建寺院，以為這是靈地。

於是，密教的總本山高野山在弘仁十年落成，而同九年二月疫病大流行。空海以般若心經進行「除災興樂」的祈禱，並留有擊退疫病的記錄。

弘仁十四年一月，嵯峨天皇將東寺交給弘法大師空海，當成推廣真言密教的根本道場。從這時候開始，真言密教只取東寺的「東」字，而稱為「東密」，備享榮耀。

在連續乾旱的天長元年（八二四年），天皇命令空海在神泉苑進行祈雨的祈禱。空海的祈禱非常靈驗，果真下起雨來，使人們得到有如復甦一般的喜悅。

後來，空海為僧侶開學校，將佛教、儒教、道教等的學問傳授給衆人，因此成為日本普通教育的元祖。產生許多佛教學問與奇蹟的弘法大師，在仁明天皇承和二年（八三五年）六十二歲時入定。

證明密教秘法法力的弘法大師的「奇蹟」

以現代的說法而言，弘法大師是一位「超能力者」。展現弘法大師超能力的傳說，遍佈於日本全國各地。

當然，其中的一些傳說是日後由某些人杜撰的，所以這些傳統不見得能完全採信。雖然有的真言僧認為不可過度採信，但是我還是認為不可以相信。

但是，藉著弘法大師密教的法力，還是產生了許多奇蹟，救了許多痛苦的人，這事實是無法否定的。關於大師奇蹟似的法力，許多人所知道的，就是大師僅僅是把所使用的杖戮向地面，就能夠湧出「清水」或「泉水」來。不過，關於其真偽，實在是難以分辨。

然而，如果大師具有法力，也許這是可以辦到的。

弘仁四年（八一三年），弘法大師的確展現了驚人的法力，有訴說這段故事的「清涼宗論」的出現。根據書上的說法，弘仁四年正月，嵯峨天皇在大內清涼殿進行『金光明最勝王經』的講課之後，八宗學者議論紛紛。當時弘法大師對他們的疑義結智舉印，唱真言。剎時，自己成為金色的毘盧遮那，眉間釋放出暈光，包括皇帝在內，百官與各宗的學者都伏地膜拜。姑且不論這傳說的真偽如何，談到弘法大師的法力……，衆人一致稱是「奇蹟」的，還有許多。

弘法大師寫下付法傳，即身成佛義、聲字實相義、辯顯密二論、十住心論等書籍，確立真言宗的傳入與教義，闡明對他宗而言，真言宗的地位，使以往的秘密佛教擁有井然有序的組織體系。這是永遠不滅的浩大功績。

弘法大師入定以後，真言宗產生很大的變化。真言宗包括探究教理的教相，以及實踐教理，訴說教法的「事相」，這一些稍後再為各位敍述。首先，在事相方面，大師以後，從小野流和廣澤流的根本二流，又衍生出六流的支流。

鎌倉時代以後，教相異常發展，因此真言宗對於大日經教主義，分為主張本地身說法的「古義」與主張加持身說法的「新義」。古義方面，則以高野山和東寺為主，新義則以根來山為主，也出現了優秀的學僧，致力於事相與教相的研究。

佛教的聖典稱為大藏經或一切經，其部數高達數千卷。佛教各宗的教學則挑出必要的部分來教學。

那麼，究竟真言宗是以哪一些聖典為基礎呢？就是大日經、金剛經二百餘卷。

大日經是龍猛菩薩在南天竺的鐵塔內，由金剛薩埵所傳授的，詳細名稱為大毘盧遮那成佛神變加持經，訴說大日如來的成佛。

目前，真言宗所倡導的大日經，是善無畏三藏所翻譯的經文。

弘法大師訴說大日經有三種，其一就是訴說天地自然的道理，其二與其三則是訴說密教的教理。金剛頂經也是龍猛菩薩在南天竺鐵塔內所學到的，訴說一切衆生利用智慧修練，而使自心本性體現，達到五相成身。

除此以外，還有蘇悉地經，理趣經，而弘法大師所選的即身成佛義、聲字實相義、吽字義、辯顯密二教論、般若心經秘鍵等，為主要聖典。

弘法大師的理想由興教大師集大成

敍述密教時，經常會提到「台密」與「東密」的字眼，究竟這是怎麼一回事呢？

傳到日本的密教有二種，其一就是天台宗的開祖傳教大師（最澄）到中國，從順曉那兒所學到的密教，稱為台密，也就是天台宗的密教之意。

另一種就是弘法大師（空海）所傳授的密教，稱為東密。大師開真言宗，從嵯峨天皇處得到東寺，以此為根本道場，因此大師的密教稱為東密。

除了傳教大師以外，台密也由慈覺大師、智澄大師傳授密教。東密方面，除了弘法大師以外，也由宗叡、惠運、常曉、圓行傳授密法。

闡述真言密教不可或缺的，就是興教大師。興教大師是在弘法大師入定以後，大約二百六十年後出現的。大師亦稱為正覺房覺鑁，在嘉保二年（一○九五年）六月十七日，出生於現在的佐賀縣。幼名為彌千代丸，很早就被稱為神童。

有一次，稅吏前來責備他的父親，看到這種情形時，他立志要成為世界上最偉大的人。於是，進入京都的仁和寺，在十六歲時出家。後來，在奈良的東大寺、興福寺學習。二十歲時，登上高野山，會見青蓮法師。

當時的高野山非常頹廢，如果大師對於宮中的佛法有興趣，能夠得到恩師的助力，進入宮中服務。但是，興教大師卻發誓要振興祖廟靈地。二十七歲時，在仁和寺接受佛法灌頂。三十二歲時，已在自己的門下建立根來山神宮寺。弘法大師也到中國接受慧果阿闍梨的灌頂，這是在三十二歲時的事情。

後來，得到鳥羽上皇的信仰，在高野山建立大傳法院，召開大傳法會，刮起了一陣新宗風。據說這是新義真言的開始。

三十四歲，擔任高野山座主職一職，但是由於遭到老僧們的嫉妒，而辭去了這職務。熱衷於修禪觀法。但是，這麼做也無法弭平高野山老僧的嫉妒。保延六年（一一四一年）時甚至引起大騷動，想要毀掉大師。

這時，大師進入不動明王的三昧，作亂的僧侶們好像看到二座不動明王像似地，卻沒有看到大師的身影。僅僅是從這件事，就可見其道德之偉大了。大師離開高野山，引退至根來山。康治二年十二月十二日，在圓明寺的西廟入滅，享年四十九歲。入滅以後。雖然有人請求大師封號。但是到了五百四十八年後的元祿三年，才給予興教大師的封號。

興教大師是僅次於弘法大師的日本佛教界的高僧，弘法大師的理想由興教大師集大成。

密教也產生「立川流」，包容古神道

在此，試探討日本的古代思想與密教的關係。

日本神代的思想到底為何，實在是不得而知。不過，看神代的儀式七五三飾，或是大嘗祭的神籠石、神社的牌坊，與印度的形式非常類似。在建築密教壇時，結界的神籠石，張壇線的是七五三飾，而牌坊則是屬於印度式的門。不只是具有這些關係，密教可說是具有極端的包容主義。傳到日本以後，也接受古神道山岳信仰的思想。修驗道祝大峰山神聖之地，而古代的性器信仰思想，還是留在立川流（被視為邪教）。

德川時代以後，立川流幾乎沒有勢力。但是，有一陣子卻成為變成就法，非常流行。被流放到伊豆的醍醐山的仁寬，向武藏立川的陰陽師請益，混合陰陽道與密教，提倡「金剛界為男，胎藏界為女，金胎不二視為陰陽合體」，成為立川流的起源。就在這時候，在大阪天王寺的真慶也推廣這說法，由後醍醐天皇的皈依僧東寺長者文觀僧正集大成。

當立川流的說法廣為流傳至一般社會以後，認為「所謂金胎不二，即陰陽合體，男女交歡」，將肉慾快樂視為神聖的行為，可以說是走向極端自然主義的方向，毒害社會的宗教。

密教思想的基本為何？

與一般的佛教有何不同？

顯教與密教的不同為何呢？華嚴宗、淨土宗、淨土真宗、禪宗、日蓮宗等顯教，只是體會表面的教誨，而密教則是體會深藏在內面的教誨，這是根本上的不同。

換言之，顯教是對任何人都能訴說的教誨。不，應該說是為了對衆人訴說，而「應化身」的釋迦如來所開的教誨。

釋迦如來是為了教化迷惑的衆生，而現身的佛，這種佛稱為「應身佛」。

但是，由於迷惘的衆生較多，為了解救衆生，而要採用各種方法。因此，顯教教主釋迦如來並沒有訴說其領悟的境地。不過，密教卻完全相反，並不是說給衆人聽的宗教。密教教主法身佛大日如來直接訴說自己所領悟的境地，並沒月滲雜任何方便行事的教誨。

顯教以空理為本源，最終極的問題是必須回答不可知。

但是，密教卻把事實表面化，以色（物質）、心（精神），也就是六大為本源，不必回答不可知。此外，所謂的法身佛是指應身的釋迦如來所到達的理想佛。

關於佛教的理想，也就是成佛的問題，顯與密也有很大的不同。換言之，顯教認為必須要經過長時間的修行，才能夠成佛，而密教卻認為我們靠著自身就能夠成佛。

密教訴說陀羅尼，據說其深義一字含有千里，其功能效驗並非顯教的人所能得知。

這就是顯教與密教基本上最大的不同點。

密教事相的秘密以口傳的方式讓衆人得知

真言宗具有二面，也就是教相與事相。與教大師說，藉著「教相之花，結事相之果」。教相是指教理面，事相是指實際面，教相與事相就好像汽車的二輪，有如鳥的雙翅一般。

宗教並不是尊重空談空論，而是以實際的事實為主，在這其中，密教尤其是重視實際面。教相是記載在書籍上，所以無法關閉門扉；而事相則是經由阿闍梨口傳，含有很多的秘密。密教之所以成為密教，就在於事相的秘密。

那麼，事相的秘密應該如何傳授呢？也就是必須經由阿闍梨之口傳給弟子，以口傳的方式來進行。這也是密教最重要的一點。口傳分為將重點置於經文或儀軌，以及藉由阿闍梨口傳等二種。東密以口傳為主，台密以經軌為主。

由於台密以經軌為主，同時也建立護摩壇，較容易為一般人所了解。但是，東密是以口傳為主，即使因為密教者，也會出現異論。某位阿闍梨責備另一位阿闍梨，謂其「經軌不同」，而另一位阿闍梨則提出反駁理論，說：「我的口傳是我由大日如來處直接得到的口傳。」這故事非常有名。

由此可知，密教以口傳為主，以口傳當成教材。密教並不像死的經文，尋求教材，而是向活的人類尋求教材，視為根本義。換言之，為人類本位主義，並非法本位主義。

經典的解釋若是由擁有多深思想的人來解釋，意義會很深遠，否則意義會很淺薄。後來，解釋方面更為發展。不過，已成文化的經典再怎麼解釋，也不會被曲解或產生相反的解釋。

可是，口傳並不是已成文化的經典，因此經過長年的歲月，口傳能夠經由人類思想和意識的進步，而使內容深遠。

密教的秘傳是利用「暗號」來保守秘密

利用口傳的事務，任何事物都秘密相傳。同時，寫下如暗號一般的文書，這就是真言宗的原則。如果是不懂的人，看了密教文書以後，根本就不知道在說些甚麽。據說暗號文書的寫法共有七種。

第一是「亂脫」。所謂「亂」是句子前後互換，原本在前面的句子換至後面，而「脫」則是應該有的句子或文字，故意刪除去了，而變得不容易了解。

第二是「隱語」，應該寫成「二」時，卻寫成「三」，應該寫成「理智」時，卻寫成「陰陽」。

第三是「合字法」，即將二、三個字合成一字。例如：灌頂二字只取偏旁，將「灌」字的偏旁與「頂」字的形合起來，成為「湏」字。

第四為「離字法」。與前述的寫法完全相反，例如：「箱」字寫成竹木目。

第五為「省略法」。這是最常使用的方法，例如：把「報恩院」寫成「幸心完」。

第六為「借字法」，例如：將「如寶」二字寫成「如法」。

第七為「梵書法」，即使用梵字。

但是，這七種方法並沒有既定的規則。有時候，是由各個阿闍梨所想出來的瀟灑的寫法，因此難以了解，難以閱讀。必須以上述的方法，來守住秘密，並且互相傳承，是非常辛苦的事。此外，解釋密教時，所使用的是「四重秘釋」。這方法也非常麻煩，但是卻是了解密教思想不可或缺的方法。

第一為「淺略釋」，第二為「深秘譯」，第三為「秘中的深秘釋」，第四為「秘密中的深秘釋」。

簡單明瞭地說，第一的「淺略釋」就是一般的解釋，例如：「向佛供花，是解釋為使佛高興。第二的「深秘釋」則是花為喜悅的標示，主要在解釋這東西所代表的意義。第三的「秘中的深秘譯」，則是一朵花解釋為宇宙實在的表現。第四的「秘密中的深秘釋」，則表示花為宇宙中的實在，將一朵花供奉於佛前，就等於是把全宇宙的花供奉於佛前。進一步地解釋，即一朵花就是把全宇宙的物體供奉在佛前的意思。

弘法大師所顯示的「十住心」是到達佛的十個階段

還是有了解真言密教所具有的基本點的方便方法，即弘法大師所說的十的思想——「十住心」（十的人類階段）。在教義內容方面，十住心有各種不同內容的說法。總之，就是尋求心靈的心態與心靈的安居所。

〈第一〉異生羝羊心

所謂異生，指的是凡夫，凡夫的愚蠢以羝羊來比喻。所有的畜生中，認為羊是最愚蠢的，只會沈溺於淫慾和貪慾中，什麼事情也不能做。

這是表示外道或凡夫只想到自己，根本不考慮因果循環之理，不顧羞恥，行十惡，沈溺於三毒五慾的快樂中，落入地獄、餓鬼、畜生三惡道受苦，而持續輪迴轉生的狀態。

十惡如下：

(1)殺生＝殺人，奪取其生命。
(2)偸盜＝盜取他人的財物。
(3)邪淫＝侵犯他人的妻妾。
(4)妄語＝以言語欺騙他人。
(5)兩舌＝使用中傷、毀謗等二片舌，破壞人和。
(6)惡口＝胡說八道。
(7)綺語＝使用猥褻的字眼。
(8)慳貪＝起貪愛之心，非常執著。
(9)瞋恚＝起憤恨之心，憎恨他人。
(10)邪見＝產生僻見，無視善惡因果之理。

＜第二＞愚童持齊心

這是指如第一住心一般，落入三惡道，而不反省的凡夫，目標終於朝向真正的心，接受聖人君子的教誨，開始走向人道的狀態。

以愚童喻凡夫，持齊則是節省自己的東西，施予他人之意，施予之心就是善心的表現。大師擁有這份心，訴說儒教與佛教的人倫之道。儒教訴說三綱五常。三綱為君臣、父子、夫妻的關係，五常則是仁、義、禮、智、信，人道是一日不可或缺的。

在這其中，也訴說佛教的五戒十善的教誨。五戒是不殺生戒、不偸盜戒、不邪淫戒、不妄語戒、不飲酒戒，十善則是與前述的十惡相反的善行。

〈第三〉嬰童無畏心

嬰童比喻凡夫，無畏指的是沒有恐懼心的安心狀態。這表示人類壽命極短，福德較薄，經常會有無常轉變，因而討厭人類世界，希望能誕生於天上世界，得到不老不死的生命，尋求無量無限快樂的思想。

這是比第二住心的道德思想更進一步轉向宗教思想的想法，以上三心為世間一般道德的宗教。如果擁有這些心，想要脫離生死之苦是不可能的。

〈第四〉唯蘊無我心

唯識指的是構成我們身心的色、受、想、行、識，無我是指我是不存在的。我們的肉體精神只是唯五蘊要素合成的，並沒有實在的我。

住心的教誨是出家的和尚最初所得到的教誨。不要因為自己的名譽或利益，而過著不正確的生活，要努力擁有正確的行為，擁有正確的想法。

〈第五〉拔業因種心

我們因為無明這根本煩惱的原因，而做各種惡行，招致苦果報。拔業因種指的是拔去十二因緣。

十二因緣指的是無明、行、識、名色、六處、觸、受、愛、取、有、生、老、死，這是佛所訴說的生死輪迴狀態。

無明指的是在過去世所產生的煩惱，行指的是由這煩惱所製造出來的善惡業障。識則是在現在世，投宿於母胎內。名色即在母胎內，擁有肉體與心，六處則是擁有眼、耳、鼻、舌、身、意六根。觸則為生產以後，與外界接觸，無意識中感覺到境。受則是從幼兒到少年時代，感受到苦樂。

愛是指不斷成長以後，對異性產生情慾。取則是指對異性的情慾非常強烈。有則是指利用愛與取二種煩惱，而製造出善惡業障，成為未來的業因。

生即業障結果正確，而誕生於未來世。在現在世製造善業的人，就能夠出生在好的地方。製造惡業的人，則會出生在地獄、餓鬼、畜生的三惡道中。

老死是指在未來世受生者，結果會老去，死去。由此可知，凡夫在過去、現在、未來三世，都一直輪迴於生死的世界中。

〈第六〉他緣大乘心

以上的敍述，第四、第五的住心為小乘佛教的思想。小乘佛教是為了尋求自己的解脫、安息，而信仰的宗教，並不打算解救所有的人，即為想要進而成佛的宗教。

想要斬斷來自苦果的所有煩惱，燒身、滅智，歸於空無，不再出生於迷界的想法。

從第六住心開始，為大乘佛教的思想。大乘佛教是以成佛為目的。成佛是希望能製造出一個自己和他人都能領悟的社會與人生。他緣為無緣之意，因為什麼也沒有，所以一切很平等，對於所有的人類能產生愛念、慈愛之心。

〈第七〉覺心不生心

這是領悟心不滅不正之理，為大乘空門的教誨。真言宗訴說主觀與客觀的空，打破八迷。八迷即生、滅、斷、常、一、異、去、來。

換言之，生滅的迷見完全是因為萬物的因與緣，而產生假相，被假相所滅，所以即使是本性無生滅變化者，凡夫也會認為有生滅。所謂斷常的迷見，是指人在死後，會歸於滅無，或是認為人死了以後，靈魂永遠歸於不滅。

一，異的迷見是指萬物的本體平等或有差別的想法。

去，來的迷見是指有去有來的想法。

這都是因為不明白因緣生無自性之理，而產生的。

但是，真言宗為了凡夫的俗解，而承認生滅去來，卻不允許和尚有此想法。

〈第八〉道無為心

這是在中國開宗的天台宗的教誨，認為真如實相之理為平等。

〈第九〉極無自性心

這是華嚴宗的教誨，認為萬物是由於因緣而生，因此無實體，也就是無自性。

〈第十〉秘密莊嚴心

這是真言宗的教誨，認為凡夫心的實相，在於大日如來的三密與平等，訴說自心是佛。

以上是弘法大師所指示的十種思想，也是真言密教所具有的思想基本點。能夠明白地了解這一些，才是正確佛教的理解，才能夠成為具有佛心的基礎。

真言密教的最終目的為「即身成佛」

不論石頭、草、木、山川，全都具有心。也許，各位會覺得這種想法有點奇怪。不過，密教比顯教更為進步，認為既然人類有心，萬物也應該有心。

「原本人類的心靈能夠發揮作用，是因為什麼原因呢？就是因為吃食物。這些食物就是魚類、肉類、米、芋類、蘿蔔。由於米和蘿蔔有心，因此吃了這些東西，才能與生命相聯，使生命發揮作用。如果米或蘿蔔無心，就無法得到生命，無法使心靈發揮作用。草木在有自然肥料的地方，能夠生根，在陽光普照的地方，枝葉會長得茂密。這就能證明萬物皆有心——。」

這是密教僧的說法，的確是密教的想法。

人人都能成佛

前文中，已經為各位敍述過真言密教與佛教教義根本的不同點。

「其他佛教就好像騎著牛、羊就能夠到達目的地一般，並不簡單，而密教就好像是騎著神通就能夠到達一般，非常迅速。」

這是中國的慧果阿闍梨所指出的。

佛教的目的是為了要讓凡夫成佛，而平凡的人如何能夠成佛呢？

就這一點而言，真言密教與佛教完全不同。

真言密教是以「即身成佛」為根本教義，弘法大師會開發真言密教，原因就在於此。

所謂即身成佛，就是我們靠著身就能夠成佛，亦稱作「一生成佛」或「現身成佛」。

其他的顯教認為普通的人類本性具有先天的差別，認為並非任何人都能無條件成佛。

但是，密教認為即使是平凡人，只要真正進行修行，在一生中，都能夠成佛。

顯教認為平凡人與佛的關係，就像是澀柹與乾的甜柿子一般。凡夫是澀柿子，而佛是甜的乾柿。一旦成為澀柿，就不能夠成為甜柿。一旦成為甜柿，就不能夠成為澀柿。

當然，平凡人與佛是不相同的，要使澀柿成為甜柿，必須藉助陽光之力，費時長久。如果要經過這樣的過程，當然是無法即身成佛，也就是自身無法成佛。

密教的即身成佛，只要自覺到「我是佛」就夠了。例如：因為某些原因而父不詳的孩子，有一次遇到自己的父親。雙方互道姓名以後，後來就親子相認了。

如果我們是平凡、迷惘的人，是凡夫的話，只要自覺到是佛，就能夠是佛。

文殊五字陀羅尼頌中有云：「若我起一念，成為凡夫，就如同毀謗三世諸佛一般，依法處以重罪。」

這意味著，如果自己是凡夫，自認為是迷惘的人，就會自暴自棄，侮辱自己的良心。此外，發菩提心論中也說：「只要人有我即佛的自覺，就能成為光明的佛。」

宗教是人類社會的產物，因此必須以人類為對象。離開人類，就無法成為宗教。尤其是真言密教，並不是擁有架空的現象界，也沒有不完全的迷妄界，而認為在這世界可以見到法身大日如來的姿態，這才是真正的人生。

因此，訴說成佛的狀態，得到「金剛不壞」之身，得到神通、隱身、治病等，都會對人類世界造成好的影響。

密教——囊括所有的佛教在內。真言密教的最終目的為即身成佛，因此必須與活著的人深交。

接觸以後會覺得溫暖，割傷以後會流出血的才是佛。因此，不只是訴說經論或教義，也須了解隱藏於內的深義。

中國有句俗話謂：「心比石堅。」

意思即不管擁有再大的權力，勉強要使其改變，給予再高的地位身分，想要改變他，或是利用恩愛來糾纏，可是卻始終取一貫正道，仍屹力不搖，才是金剛不壞之意。

具備如此金剛不壞的大人格、大智慧，兼具大慈悲，沒有任何愛、憎、貪、慾，則世界為我所有——這就是即身成佛的秘密。

在此，再稍微深入探討。

先了解體、相、用三大關係！

要深入了解即身成佛的道理，就必須要了解體、相、用三大關係。體、相、用具有以下的意義：

換言之，某個物體一定有體，稱為體大，其姿態稱為相大。有體與相，就會產生作用，稱為用大。

例如：這裡有火柴這小小的物體，這就是「體」。此外，火柴可分為超大型至超小型者，具有不同的型，稱為「相」。火柴具有點火的作用，稱為「用」。

體、相、用這三大，是成為一物一定要具備的條件。

密教將萬物之體分為六種，即地、水、火、風、空、識，稱為六大體大。相又分為四種，稱為四種曼荼羅相大，其作用又分為三種，稱為三密用大。

弘法大師建立六大無礙的誦文，闡述即身成佛的道理。弘法大師指出，地、水、火、風、空、識這六大為一切法源。

從物方面來觀察宇宙，萬物皆物，這就是所謂的唯物論。同時，從心的方面來觀看，法界皆有心，就是所謂的唯心論。這二者所表現的，絕對是從兩方來觀察。

以密教的教理而言，物以差別為表，心以平等為表。因此，關於物方面的六大，除了地、水、火、風、空五大以外，心靈還存在著識。

所謂地大，指的是萬物的堅硬性質的力，是勢力、水大為凝集力，火大為熱的膨脹力，風大為活動力，空大為無礙的性質，也就是融合力，五種都是物；而第六的心是識。

這六大相互之間融通無礙，藉著離合集散的數目與形式，使萬物各自具有不同的形而存在，一切萬物都不出這六大。

以人類的身體為喻，骨與肉堅硬的部分為地大。有水分的部分為水大。有熱的部分為火大。五臟六腑的活動為風大。在體內的空間有血循環，有食物通過，會出聲，為空大。精神活動為識大，稱為六大無礙。

三密加持為密教秘法的深義

三密是指在體與相上，自然具備的動，包括「身密」、「口密」、「意密」三項。這些是指表現於身體外部的行為、言語作用與精神作用。表現於外部的行為稱為身密，言語作用稱為口密，精神作用稱為意密。

真言宗方面，尤其是密教僧，向本尊行宗教禮儀時，必須手結印，稱為身密。口中誦真言陀羅尼，稱為口密，心靜觀想本尊，視為意密。

佛的身、口、意活動稱為三密。佛已經是領悟道源的聖者，因此身體的行為與言語的作用、精神的作用一致，本身就構成真理，因此稱為三密。但是，平凡人卻完全相反，身、口、意無法完全一致，相反的情形較多，因此稱為「三業」。

三密分為有相三密與無相三密二種。

密教僧向本尊手結印，口唱真言，心達到本尊境地，稱為有相三密。

誠實修行這種作用時，即使不進行有形的作用，很自然地一舉手一投足、一言一句、一思一念，都能夠立刻與本尊三密結合。這種情形稱為無相三密。

因此，有相三密是初學者的修行法，無相三密則是已經達到此道為高人的實踐法。

真言宗的實踐法，就是要培養這三密。因此，弘法大師也說：「只要實行三密加持，就能迅速實現。」

三密加持就是密教秘法的深義，是得到高利益的原因。

咒法為密教秘法的深義

咒法是密教的深義，如果不了解密教，也就完全不了解咒法。

因此，我以很多的篇幅來為各位敍述密教的一切，相信各位已經有點了解了。

密教尤以真言密教的深義為「加持祈禱」、「咒法」、「護摩」。

失去咒法等事相，無法成為真言密教

堪稱秘法的深義，密教僧對此有贊否二派的爭論，經常予以議論。

如前文所述，密教有「教相」與「事相」，這是理論與實際的兩環，二者缺一不可。因此，任何密教僧都必須要好好培養教相與事相的二環。但是，能巧妙使用這二環的僧侶並不多。

重視教相僧與重視事相僧是存在的，因此產生各種不同的議論。

密教特別重視事相這一點，與其他顯教不同，問題在於事相的內容及其範圍。因此，被責難為提倡各種異說，尤其是與目前流行的「超能力」混為一談，因此受到教相重視派的責難。

但是，如果脫離加持祈禱、咒法、護摩等事相，就無法成立真言密教，事相的成敗成為密教僧的實力，也可以說是真言密教的最高目標「即身成佛」的成果。

能夠即身成佛，才能夠發揮事相的法力，產生效果。而且，必須是真正的密教僧，才能夠了解。

我們所說的「即身成佛」，看似簡單，其實卻非常困難。擁有各種煩惱的活生生的人類，在活著的時候想要成佛，的確難如登天。但是，為了要成佛，哪怕是一段崎嶇難行的道路，即使只是緩緩前進，也必須要努力地接近。

朝著即身成佛的的目標接近一步、二步的人，進行密教事相，就能摒除諸惡，具有從諸難中獲得解救的法力。密教中，認為加持祈禱、咒法、護摩等事相為最大的法力。利用這些方法，就能使弘法大師昔日所發揮的強大法力，也能發揮於現代的密教僧身上。

在歷史上，密教咒法解救無數人

利用密教事相獲救的人很多。在歷史上，也留下了許多記錄。

以歷史來看，真言密教屬於皇室，也稱為宮中佛教。歷代天皇為了國家、社會、人民而祈求平安，為了成就祈求，密教僧會使用秘傳的加持祈禱、咒法、護摩等事相，以達到祈求。此外，著名武將如織田信長、明智光秀、上杉謙信、武田清玄、加藤清正、淺井長政、福島止則等人祈禱武運，近代的山本五十六、東鄉平八郎等軍人，也以事相祈願。

另外，利用加持祈禱、咒法、護摩等事相，而得到法力的財界、政界的人也很多。某位已故的政治家在公私二面，為了突破苦難，到某真言寺請求行事相，而得到許多功德，度過苦難。在密教的事相中，咒法最廣泛，最常為人所使用，而功德也最為顯著。

為何咒法能帶來大功德？

功德之大的理由有二。第一就是為了祈願而製造符咒，密教僧在符咒中輸入法力。如果接受符咒的人能朝著即身成佛的目標努力，二者合而為一，就能夠利用法力引出功德。

另一就是將符咒置於祈願者的身邊，祈願為日夜衷心祈願，就不需藉助他力，而能利用自力引出功德，這也是密教最重視的行為。

在密教的事相中，咒法佔有很重要的地位。祈願者可自行寫符咒，對符咒一心祈願，引出功德的效果。因此，咒法受到重視。

換言之，並不是只祈願就能夠被接受，而是祈願者本身必須與給予法力的人一體化，才能產生力量，使咒法產生效果。因此，請求密教事相者不論是高官顯貴，本身都必須要參加儀式。

憑藉強力意志力即身成佛，展現咒法效果！

密教的事相尤其是咒法，在相同的真言密教中，依流派的不同而不同，咒法的數目也不明。不明的原因可能是因為流派的秘法不同之故。

以開運的咒法為例，大約就有四十種，並非寫下咒文或符咒，就能夠得到功德。依流派的不同，從這一個人的哪一部分招運的看法也不同，因此即使是相同的內容，咒法當然也不同。在許多種咒法中，我挑選出九十四種咒法。

如前文所述，咒法是密教的深義，當成事相展現偉大的法力，解救許多人的苦難。使用咒法時，最重要的是要努力前進，一步、二步接近即身成佛的目標，否則無法得到法力，成就功德。使用這種咒法時，問題不在於你本身的宗教心，而在於必須要抱持一種認真的心態，靠自己的力量利用咒法而脫離苦難。無心脫離苦難，想要達成願望的心最為重要。

原本必須長年修行，培養密教深義的密教僧才能進行的咒法，現在由未經修行的你來進行，當然需要投注更多的心力。此外，前文中也說過，在使用咒法時，一定要採用嚴格的使用方法，絕對要按照這些規定去做。想要利用其他方法，一定無效，無法得到這些功德。

第二章

平安無事地度過厄年的密教咒法

密教開運咒法·其1

所有厄年都能使用的除厄咒法

自古以來，就有「厄年」的說法。到達這年齡時，就會遇到一些不如意事，很多人會說：「畢竟厄年到了。」當然，就肉體而言，在這年齡也容易出現變化，是容易罹患疾病的年齡。在人生的旅途上，這是需要小心謹慎的時刻。

一般而言，男性在虛歲二十四歲與四十二歲，女性在虛歲十九歲與三十三歲時是厄年。因各地習慣的不同，而有所不同，而除厄的方法也各有不同。

在此，所介紹的是，所有的厄年可以使用的除厄咒法。

首先，準備好七張和紙（半紙大），而男性在和紙上噴酒，女性則噴鹽水，然後再焚香。

然後，白紙高掛在屋子朝東的方向，儘可能擱置七天。

接著，取凌晨二點鐘的水，加入少量的鹽。用柳枝充分攪拌以後，使用這水磨墨。

用磨好的墨在和紙的中央稍下方的部分，大大地寫下左圖的文字。這時，也必須要祈願除厄。如果不能專心祈願，就無法產生效果。

寫好以後，把七張符咒擺在一起，摺成四折，晚上擱在枕下睡覺。

翌日，燒成灰燼，用鹽水沖掉，或是把灰埋在土中也很有效。

所有厄年都能使用的除厄符咒

去除女性19歲厄的前厄咒法

女性有二次厄年，初次的厄年在翌年的厄年就要出現了，即在虛歲十八歲時，可以進行這咒法。

數年後，就會有「適婚期」的到來。對於婚姻在人生中，佔極大比重的女性而言，在此所做的選擇與結婚有很重要的關係。以某種意義而言，是比男性更早迎向勝負時期的到來。

如果能平安地度過會影響以後人生的時期，真是非常幸運。

首先，準備好十八張紅色的和紙（半紙大），然後焚香，疊在一起，摺成四摺。用紅布包著，放在不引人注目的地方，擱置七天。

準備好墨，在上午就必須要先取好水，然後磨墨。將疊好的紅紙一張一張仔細地攤開，中央用墨寫下左圖的文字。這時，最重要的是心中要祈禱自己平安無事。

十八張全都寫好以後，再次同樣地摺成四摺，用紅布包住。放在房間較高處（南側），擱置二十一天。

第二十二天，把紙完全燒掉。其餘的灰燼裝入小袋子（自己親手做的布製或紙製的袋子）中，隨身攜帶。

正值年輕，朝氣蓬勃的年齡，絕對不要因為厄年，而使自己精神萎縮。

去除女性19歲厄的前厄咒法

去除女性19歲厄的本厄咒法

去除前厄的咒法已經完成了。長大成人，在迎向二十歲以前，先要面對厄年，的確會覺得很不舒服。相信不只是妳會有此想法。虛歲十九歲的女性全都會遇到厄年。

在這時候實行咒法，平安無事地度過本厄，或是漫然地度過這一年，對於今後的生活會造成微妙的差距。

僅僅是意識到厄年的來臨，也會使咒法產生意識。這麼一來，不會因為年輕而使出有勇無謀的行為，自己也能夠小心謹慎。要成為美麗的成熟女性，就絕對不要在十餘歲時，遇到不幸或倒楣的事情，而在心中留下遺憾。

咒法與前厄的情況略有不同，其他的部分則完全不同。為謹慎起見，再重複為各位敍述一次。

準備十九張紅色和紙（半紙大），在焚香以後，摺成四摺。十八歲時，使用紅布；十九歲時，則更換為白布，包住摺好的紙，放在不引人注目的地方，擱置七天。

取上午的水磨墨，十九張和紙上，全寫下左圖的文字。

寫好的符咒再摺成四摺，用白布包住，掛在房間較高處（南側），擱置二十一天。

第二十二天時，把紙完全燒掉。剩下的灰燼可置於前厄時，放灰燼的袋子，隨身攜帶。

去除女性19歲厄的本厄咒法

密教開運咒法・其4

去除女性19歲厄的後厄咒法

十九歲的厄年即將結束。

雖然本厄已經結束，但是也不能掉以輕心。連後厄都必須平安無事地度過，才能夠完全除厄。

男性在二十四歲時，就會遇到第一次的厄年。女性會很快地遇到這種考驗，因此也較早能夠了解自重的重要。可以轉換想法，歡迎厄年的到來，這才是聰明女性的生存之道。

符咒的做法與前厄、本厄時大致相同。不過，準備的紅紙必須多一張，為二十張。在焚香以後，把紙摺成四摺，用紅布包住，擱置七天。

取上午的水磨墨，在二十張和紙上寫下左圖的文字。要一邊祈願，一邊在中央部寫下除厄的文字。

全部寫好以後，摺成四摺，用紅布包住，掛在高處(南側)，擱置二十一天。

第二十二天，燒成灰燼。但是，與先前的處理稍有不同，在此為各位說明一下。

灰燼還是放在前厄、本厄所使用的袋子裡，隨身攜帶。

到了第二年的生日，後厄已除，要把灰燼與袋子丟入河中，隨波逐流。

如果附近沒有河，可以挖深達五十公分的洞穴，埋在土中。

利用上述的方法，就能完全去除女性十九歲的厄。

去除女性19歲厄的後厄咒法

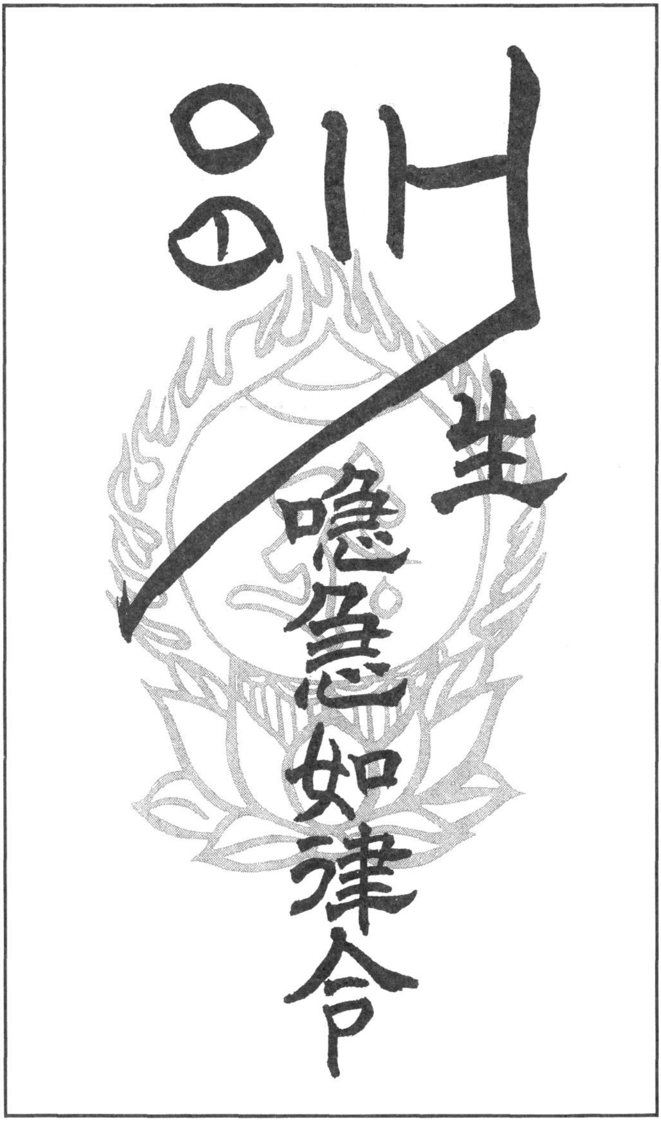

密教開運咒法・其5

去除男性24歲厄的前厄咒法

男性的厄年，計有虛歲二十四歲與四十二歲兩次。在迎向初次厄年的時期，很多年輕人正值學業終了，朝成為社會新鮮人邁出第一步的時刻。脫離以往受親人照顧的生活，在經濟上和精神上都已經獨立了。

學生生活與社會生活可說完全不同，因此在最初時難免會感覺猶豫不決。但儘管已經有這種覺悟，一般人對二十二歲男性的期待仍然很高。為了出人頭地，成為真正的男子漢，最好先謹慎地進行除厄咒法。

相當於前厄的年齡，就是虛歲二十三歲的時候。以厄而言，這是第一道關卡。如果在這兒跌倒，恐怕此後會災厄不斷，所以一定要將厄徹底去除。

以下就是為解厄而進行的咒法。

首先準備好二十三張和紙（半紙大），中央部分用白線穿過串成一串。穿好的紙放置在夜露中三晚。接著在焚香之後，置於自己房內朝南方向的高處，歷時七天。

另外在杯中倒入七分水、三分酒，用小松樹枝仔細攪拌後，以此水酒磨墨。

穿成一串的紙在第八天時取下，一張張分開來，沾墨汁在紙的中央部分寫下左圖的文字。在接下來的二十天內祭祀於佛壇或高處祈求除厄。

到了第二十二天的凌晨二點，將每一張符咒上的文字分開後燒掉。

將燒剩的灰燼用白布包好貼身攜帶。

去除男性24歲厄的前厄咒法

密教開運咒法・其6

去除男性24歲厄的本厄咒法

去除二十四歲的本厄，需在虛歲二十四歲進行。

很多年輕人自恃年輕而「不知害怕為何物」，別人認為可怕的事情，他們卻能若無其事去做。再者，很多年輕人都具有強烈的自信，認為自己還年輕，就算失敗了也可以從頭再來。的確，將來會怎麼樣誰也不敢保證。對敢於冒險的年輕人而言，這確實是一個黃金年代。

相信很少有人會意識到自己的厄年。當然，也很少人知道二十四歲是厄年。但是，在討論這是否只是一種古老的迷信之前，請各位先仔細想一想。

就年齡來看，肉體的確已經完全成長了。但精神上卻仍未完全獨立，是屬於不平衡的狀態。這種不平衡很容易招致厄運。這不是毫無根據的說法，因此請各位千萬不可掉以輕心，一定要好好地去除本厄。

具體的方法與去除前厄幾乎完全相同，只不過和紙必須多準備一張成為二十四張。

首先將紙疊好，用白線穿過中央部分串連起來，置於夜露中三晚，然後焚香。

接著將紙放在自己房內七天，並用小松枝攪拌過的水（酒三分，水七分）磨墨，然後在每一張紙的中央部分寫下左圖的文字，置於佛壇祭祀二十一天。

到了第二十二天的凌晨二點，將符咒燒掉，然後將所得的灰燼和前厄時的紙灰一起用鹽水沖掉，這一點和除前厄稍有不同，必須特別注意。

去除男性24歲厄的本厄咒法

密教開運咒法・其7

去除男性24歲厄的後厄咒法

消除後厄的咒法，是在虛歲二十五歲時進行。

在二十三、四歲時，相信很多人都會覺得這是人生當中的一個轉捩點。即使已經進行過除前厄、除本厄的咒法，仍然會遭遇許多以往不曾經歷過的大小波濤。

或許在你感到危急之際，能夠透過咒法之賜獲得解救。

只要相信咒法的效力，結果的確是可以期待的。

其方法如下：準備的紙比除本厄時多一張，為二十五張。

用白線穿過中央部串成一串，然後置於夜露中三晚。

焚香後將紙放在當事人所睡房內朝南的方向七天，且最好是放在高處。

其次以水七、酒三的比例在杯中倒入水、酒，以小松枝充分攪拌後用來磨墨。接著逐一在二十五張紙的中央部分寫下左圖的文字，置於佛壇上祭祀二十一天。

到這個階段爲止，作法與除前厄、本厄完全相同。

到了第二十二天將符咒燒成灰燼，然後用白布包住，在未滿二十四歲生日之前貼身攜帶。

等到生日過了以後，便將紙灰用水沖走。

以上即為去除男子二十四歲厄的所有方法。

去除男性24歲厄的後厄咒法

去除女性33歲大厄的前厄咒法

女性的大厄，是在虛歲三十三歲這一年。

若是已婚女性，雖然兒女總算可以離手，但是和丈夫之間的感情卻產生了倦怠感……妳是不是已經到了這樣的年齡呢？在家庭生活漸趨穩定的這個階段，反而會出現許多破綻，可說是非常危險的時期。

對單身女性而言，這也是非常危險的時期。因為，她們已經沒有躊躇的餘地了。由於強迫觀念作祟，她們面臨了必須對今後生活方式做出最後決定的時候。

精神和肉體上的雙重疲勞，使這個年齡的女性容易發生各種意外。

為此之故，特地介紹一種能夠使女性安然度過三十三歲大厄之前的咒法。

首先將黑豆煮汁，然後用水和酒稀釋。其次在三十二張和紙（半紙大）上以噴霧方式噴灑黑豆汁。待紙乾燥後摺成四摺，用紅線從中央部穿在一起。

穿好的紙置於收存內衣褲的地方十四天。

另外再將黑豆汁用酒、水稀釋後磨墨，逐一在先前的和紙上寫下左圖的文字。

寫時一心祈求除厄是很重要的。一般而言，意念愈強則效果愈大。

寫好以後再將紙串好，置於房內高處（南側）。擱置二十一天後將紙燒成灰燼，然後將其用摻水的酒沖掉。

去除女性33歲大厄的前厄咒法

去除女性33歲大厄的本厄咒法

女性迎向三十三歲（虛歲）的大厄，即為本厄。對女性來說，這個時期女性的魅力已幾近完成。原本是被動的女性，到了這個年齡時，也具備能夠生存下去的條件了。

但是，不管是環境或狀況，都與十九歲的厄年不同，這點千萬不可忘記。

或許稍微按捺住與年輕時不同的自信較好，不要展現太大的活動。此外還要深思熟慮，配合自己的判斷力做出選擇。在內心深處留意厄年的問題，也是一種自我控制的好方法。

除厄方法與除前厄只有一點不同。

所用的和紙必須增加一張成為三十三張，並將黑豆汁加水和酒稀釋。

將和紙全部噴濕，待其乾後摺成四摺，用紅線從中央部分串連起來。

之後將其置於放內衣褲的地方十四天。

到了第十五天，將黑豆汁加水、酒稀釋後用來磨墨，逐一在攤開的和紙上寫下左圖的文字。

寫好的符咒再次用紅線穿好，擱在房內較高的地方（南側）二十一天。

到了第二十二天將紙燒成灰燼，然後用水和酒沖掉。

去除女性33歲大厄的本厄咒法

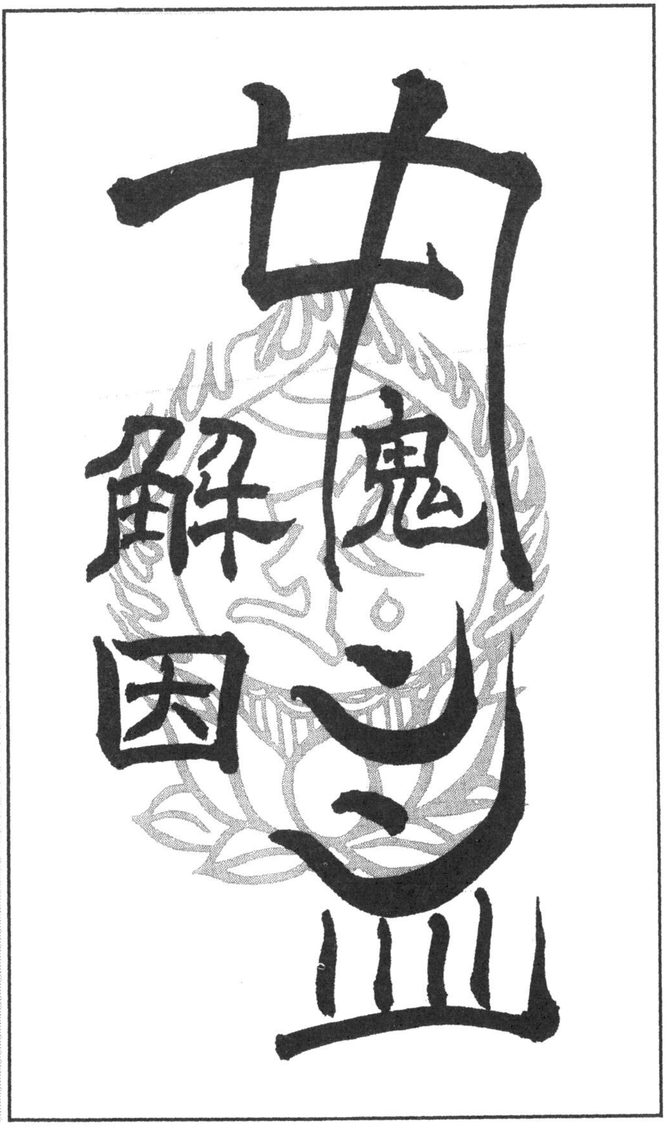

密教開運咒法・其10

去除女性33歲大厄的後厄咒法

前厄、本厄都安然度過以後，還是不能掉以輕心，必須好好地去除後厄。等到三個階段都結束以後，除厄才算完全終了。如果除後厄的工作做得不夠徹底，那麼前兩年費心進行的咒法，也就白費了。

除後厄的方法除了多增加一張和紙以外，與先前兩個方法完全相同。

利用加酒、水、稀釋的黑豆汁將紙全部噴霧，待其乾燥後摺成四摺，用紅線從中央穿過串連起來。

將串連的和紙置於放內衣褲的地方十四天。

以加水、酒稀釋的黑豆汁磨墨，在攤開的半紙上寫下左圖的文字共三十四張。本除厄咒法是最後完成階段的咒法，因此愈是仔細進行，效果也就愈大。

將寫好的符咒用紅線從中央部分穿好，擱在房內高處（南側）二十一天。到了第二十二天時將其燒成灰燼，用酒和水將灰沖掉。

過了十九歲和三十三歲的厄年以後，精神會逐漸平靜下來。今後縱使遇到不幸或倒楣的事情，也具有一一加以克服的強韌力量。

女性迷惘時期的山脈既已通過，今後便能很有自信地朝自己選擇的道路前進。因此，為了自己，一定要認真地進行除厄。

去除女性33歲大厄的後厄咒法

密教開運咒法・其11

去除男性42歲大厄的前厄咒法

與女性三十三歲的大厄相對的，男性在虛歲四十二歲時，會出現俗稱「四二年」這種大厄年。男性在這一年裡，可能會罹患大病，甚或死亡。

在工作方面，由於晉升管理階層，精神壓力比以往更大，但仍須勉力而為，這也成為造成疾病的原因之一。

而醫學也證明四十二歲是人步入中年、身體開始出現各種毛病的年齡。總之，不論從哪一方面來看，四十二歲對男性而言，的確是很不吉祥的一年。

曾經在第一線上衝鋒陷陣、如今生活好不容易漸趨穩定的中年男性，當然會在意這些問題。

以下所介紹的除前厄（虛歲四十一歲）法，就是為了去除不安而進行的咒法。

首先準備半紙大的和紙四十一張，用事先沾過水的黑線串連四角。

將穿好的和紙放在家中庭院或附近的樹幹上一晝夜。所謂的一晝夜，最好是從凌晨二點算起二十四小時。

經過一晝夜後，對著和紙焚香。同時在凌晨二點汲取自然水，用這個水來磨墨，然後在紙上寫下左圖的文字。這時最重要的一點，就是要一心一意進行除厄的祈願。

接著再次用黑線將紙穿好，放在房內高處（東側）祭祀二十一天。

到了第二十二天，將符咒燒成灰燼，用黑布包住灰燼貼身攜帶一年。

去除男性42歲大厄的前厄咒法

密教開運咒法・其12

去除男性42歲大厄的本厄咒法

終於到了四十二歲的本厄。雖說是大厄，但只要該做的事都做了，也就能夠安心了。

從各種意義來說，這個年齡乃是人生的巔峰期。正如壯年這個字眼所顯示的，不僅周遭眾人對你的信任深厚，你自己也充分自覺到這一點。當然，隨之而來的是產生強大的力量，但是切記不可過度自信。瞭解自己也是壯年應盡的責任之一。

瞭解自己的人，能夠保持節度、展現適當的行動。若能再配合咒法，便可平安無事地度過大厄了。

首先準備好和前厄同樣的和紙，張數為四十二張。附帶一提，和紙必須先用沾過以酒四、水六的比例稀釋的液體之黑線串連四角。

將穿好的和紙放在房間中央，周圍用八十四顆黑豆圍住。除了保持這個狀態三天三夜之外，同時還要供奉日本清酒和水。

到第四天時，用水和清酒磨墨，並在和紙中央寫下左圖文字。當然，四十二張紙全部都要攤開來一一書寫。與此同時，必須虔誠地祈求除厄。

將寫好的符咒再次串好，擱在房間高處（北側），供水七天。

在第八天將紙燒成灰燼，然後用紅布包住隨身攜帶一年。

至於前厄的灰燼，只要擱置在房內的高處（北側）即可。

去除男性42歲大厄的本厄咒法

密教開運咒法・其13

去除男性42歲大厄的後厄咒法

一旦進行過除後厄（虛歲四十三歲）的咒法，則一切咒法便告終了。為免前厄、本厄的咒法失去意義，除後厄的咒法一定要仔細進行。

具體的作法與除前厄大致相同，只有以下二點不同，必須特別注意。

首先準備好四十三張和紙。此外，符咒燒後所留下的灰燼，要用白布包著貼身攜帶。

為免發生錯誤，還是再為各位敘述一下正確的做法。

將準備好的四十三張和紙，用事先沾過水的黑線串連四角。

串好的和紙擱置在自家庭院中或附近的樹幹上一晝夜。時間是從凌晨二點開始的二十四小時。

接著面對和紙焚香。使用在凌晨二點汲取的自然水磨墨，並仔細在四十三張和紙上寫下左圖的文字。

寫好的符咒放在房內高處（東側）祭祀二十一天後，燒成灰燼。

將灰燼用白布包住隨身攜帶。

至於在本厄時用紅布包著的灰燼，則和前厄時的灰燼，一起置於房內高處（北側）。

平安度過後厄之後，等到翌年生日到來時，將前厄、本厄、後厄的灰燼一起拋入大海。這麼做主要是為了避免厄所帶來的不幸。擁有自信的上班族，藉此在私生活上也能享有規律的人生。

去除男性42歲大厄的後厄咒法

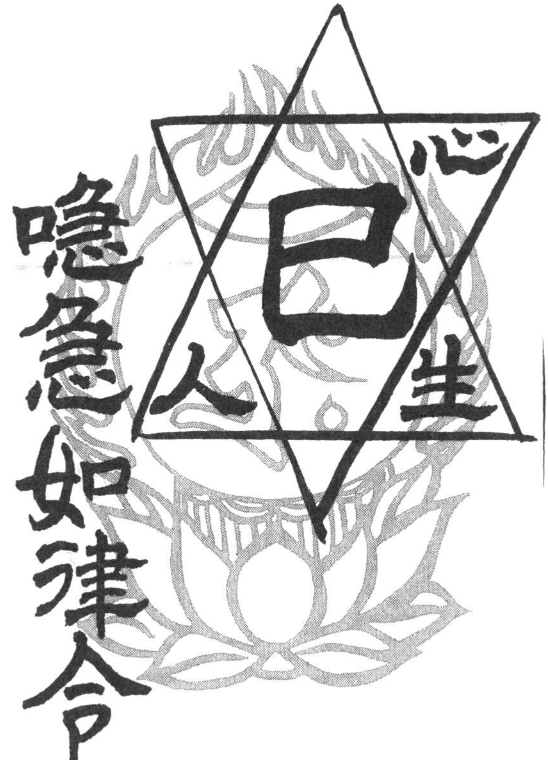

第三章

消除育兒煩惱的密教咒法

密教開運咒法・其14

治療嬰兒夜啼的咒法

在育兒方面，最讓父母感到棘手的是「夜啼」的問題。據說某些經驗尚淺的父母，還會跟著孩子一起放聲大哭呢！

白天照顧孩子已經非常疲倦，好不容易抓住機會想睡一會兒，沒想到孩子卻整晚哭鬧不停……如果只是偶一為之倒還好，萬一每晚都會來個二、三次，每次都要大人哄他才肯停止，那可就相當累人了。

孩子為什麼會哭得這麼厲害呢？父母一方面感到擔心，一方面又怕打擾到鄰居的安寧。因為這個原因而罹患育兒神經衰弱的人，可說為數眾多。

但是對象是嬰兒，既不能打又不能罵，父母究竟應該如何處理呢？

夜晚啼哭並非疾病，因此不必太過擔心。但是為了防止育兒疲勞，在此特地介紹各位一種治療夜啼的咒法。

首先，準備二張紅色和紙（半紙大）。對著和紙焚香之後，放在孩子內衣褲的下方二天。

到了第三天時取出和紙用水噴霧，待其乾後用墨水在中央部分大大寫下左圖的文字。將寫好的符咒一張讓孩子貼身帶著，另一張則由母親摺成四摺貼身攜帶。期間為一個晚上。翌日再次在二張符咒前焚香，然後燒掉。將灰燼磨成粉，少量塗抹於孩子的額頭、後頭部及胸部。

幾天以後夜啼的現象就會痊癒了。

養育孩子是需要很大耐心的。即使是施行咒法，也要以虔誠的心情來進行。

治療嬰兒夜啼的咒法

治療女孩夜啼的咒法

一般人都認為，女嬰比男嬰更容易扶養。不單身體比較健康，體力方面也較穩定。而男孩除了哭聲響亮以外，耍賴時的力氣更是大得驚人，經常令父母慌得不知該如何是好。

相反的，女孩則會展現比較平靜的行動。

部分人士之所以主張「頭胎生女，二胎生男」，認為第一胎生女，第二胎生男較好，理由就在於此。對於沒有育兒經驗的新手媽媽來說，第一胎若是比較容易帶的女孩，的確會輕鬆很多。

但如果女孩也有喜歡夜晚啼哭的現象，那就必須注意了。若不趕緊治好，對其成長之後的性格將會造成很大的影響。

治療女孩夜啼的咒法如下。首先準備一張和紙（半紙大），其上鋪以二片百合花瓣，擱置一晝夜。

其次在和紙上以噴霧方式噴灑鹽水，靜待其完全乾燥。

再按照鹽三、酒三、水四的比例調水，用調好的水磨墨，並將左圖文字寫在乾燥的和紙上。在和紙中央大大地書寫文字的同時，口中還要唸著以下的咒語：

「日夜四星，流水有光。」

將寫好的符咒摺成八摺，讓孩子貼身帶著，歷時十天。到第十一天對著符咒焚香，然後將其燒成灰燼，再用白布包著，放在收存孩子內衣褲的地方二十一天，到了第二十二天時將灰燼取出用水沖走。至於白布，則在撕碎後燒掉。

治療女孩夜啼的咒法

使內向的孩子變得積極的咒法

太過活潑的孩子固然是問題，但是病態的內向兒一樣令父母感到擔心。

隔著一扇鐵門，完全與外面世界隔絕而成長，無法結交朋友的孩子，在現代社會裡不斷增加。當我們小的時候，和年紀相仿的孩子一起玩泥巴是很普遍的事情，父母也不會為此而擔心。但是現代的父母卻太過於保護孩子，這個不能做，那個會有危險，結果只好把孩子關在家中，過著親子緊密粘在一起的生活。殊不知這樣的生活，只會使幼兒的心靈日漸萎縮。

等到上學以後，儘管同伴社會的力量增強了，但是已經過慣被保護生活的孩子，仍不免會感到迷惘。情況嚴重時，還可能導致自閉症。為了避免這種情形，當有內向的徵兆出現時就施行這個咒法，可以讓孩子積極地加入朋友之中。

首先準備三張紅色的和紙（半紙大）及一根小梅枝。在井水中加入少許食鹽和醋，然後放入小梅枝擱置一晝夜。

用小梅枝沾水在和紙上大大地寫下「心」字，然後靜待字跡乾燥。在乾了的和紙上，用以井水磨成的墨寫下左圖的文字。

三張符咒包住小梅枝捲起。而在符咒與符咒之間，要夾著一根本人的頭髮。捲好之後再用黑線綁住。

接著放在孩子房內，孩子卻看不到的地方，最好是在北側的高處，歷時二十一天。

在第二十二天時將其燒成灰燼，用水沖入土中。

使內向的孩子變得積極的咒法

治療孩子神經衰弱的咒法

雖說神經衰弱是大人的疾病，但是近來連小孩也有這種傾向。

每天無憂無慮、悠悠閒閒地度日，是孩子的特權。然而，近來經常蹙著眉頭、心事重重地趴在桌前、爽朗的表情從臉上消失的可憐孩子，卻不斷地增加。

不要認為只是孩子，就不把他們的煩惱當一回事。雖說是孩子，當他們認真地思考事物，向大人發出求救信號時，就必須注意了。如果在神經衰弱的初期忽略了這些症狀，後果將不堪設想。一旦根深蒂固以後，治療起來就很困難了。

仔細想想孩子所生存的社會狀況，罹患神經衰弱也是無可厚非之事。例如，一旦開始上學，就不由自主地陷入考試地獄的漩渦中，溫習功課和上補習班，忙得他們根本沒有時間玩；好不容易回到家裡，父母左一句「這個不能做」，右一句「那個不能碰」，搞得他們無法隨心所欲地展現行動，結果當然會覺得非常難過……。

下面所要介紹的咒法，能夠使孩子恢復原來的面目，將其自神經衰弱中解救出來。

首先取孩子常穿的內褲一件置於夜露中一晝夜。然後再用從寺廟或神社中求來的井水浸泡，在同樣的井水中加入少許清酒用來磨墨，然後在內褲上寫下左圖的文字。

將寫好的符咒用白紙包住，埋在庭院的土中。此外，也可以在黃色的和紙上寫下左圖的文字，然後燒掉，由本人將灰燼貼身帶著，同樣具有效果。

治療孩子神經衰弱的咒法

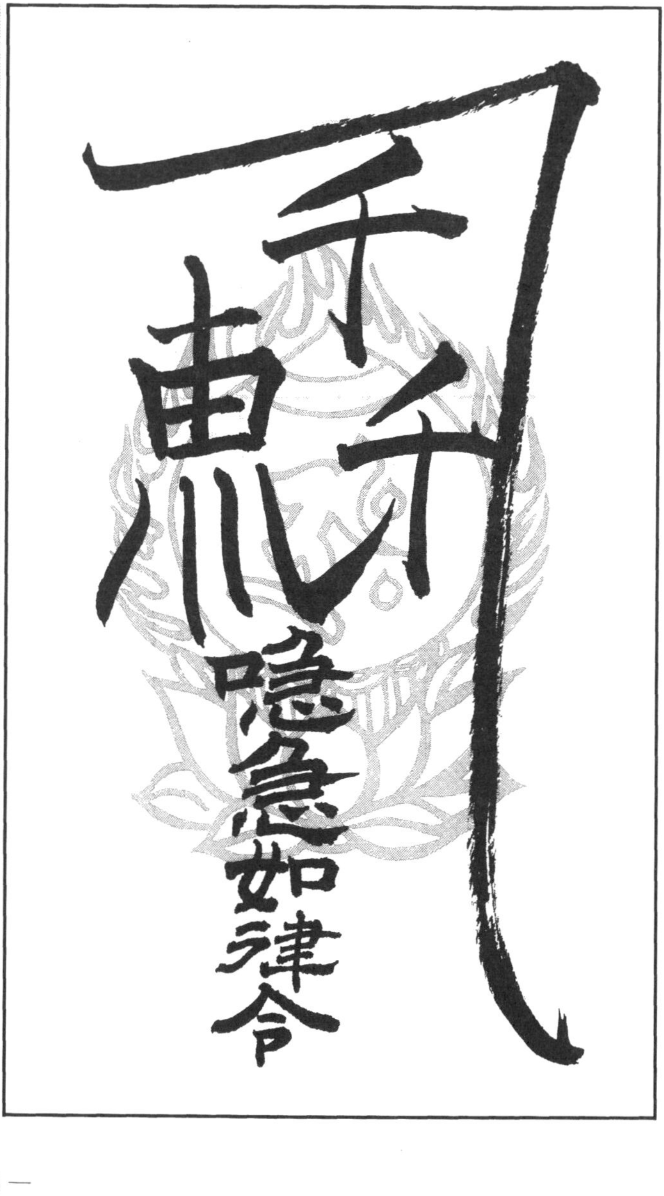

密教開運咒法・其18

使病弱兒變成健康兒的咒法

有些孩子父母都很健康，幼兒時期也不曾生過什麼大病，現在身體也不是不好，可是卻有點虛弱，經常請假在家休息。

每當感冒流行時，總沒有一次能夠倖免。稍微做點劇烈運動，第二天就會發燒而臥病在床，經常要向醫生報到。有這種不健康的孩子，父母當然擔心。大多數父母除了聽從醫生的建議以外，也會採納一些聽來的民間療法，然而孩子的臉色卻仍不好。有沒有什麼好的方法呢？

前些日子就有人來問我這個問題。由那對父母的表情，我看得出來他們的確非常擔憂。希望孩子的皮膚曬成健康的古銅色，能夠生龍活虎地在外面跑跳的父母，如果不幸擁有病弱兒，可以施行以下的咒法，相信一定能讓孩子的身體多少好轉一些。

首先準備二張紅色的和紙（半紙大），並讓孩子穿上新的內褲。

汲取乾淨的河水加入少許鹽，浸泡讓孩子穿過的新內褲二晝夜。

過了二晝夜以後，在不擰乾的情況下讓內褲慢慢乾燥。

接著以酒二、鹽四、水四的比例調好汁液，在二張和紙上噴霧。再用相同的汁液磨墨，在內褲、和紙上寫下左圖的文字。

內褲仍然讓孩子穿著，和紙則在焚香之後燒成灰燼。將灰燼磨成粉裝入袋內，貼身帶著。

使病弱兒變成健康兒的咒法

密教開運咒法・其19

治療智慧發展較遲兒的咒法

在我所主持的中心，經常有人透過打電話或寫信的方式，提出各種與「孩子」有關的問題。由此可知，做父母的確實對孩子灌注極深的情愛。

不論是成績、性格或身體、行為等，都會成為父母擔心的原因。在各種煩惱當中，最令我感到心痛的，就是擁有智慧發展較遲兒的父母的痛苦。

在實行國民義務教育的現代，每個人都有上學的權利，但是卻造成了父母最大的擔心。當然，父母不可能永遠跟在子女身邊照顧他們，孩子長大以後也必須工作，但是智慧發展較遲兒卻未充分做好接受社會的準備。像這樣的孩子長大以後該怎麼辦呢?……每當想到這裡，做父母的就會感到不安，甚至徹夜無法成眠。

希望以下的咒法，能對治療智慧發展較遲兒有所幫助。

首先準備紅色、黃色的和紙(半紙大)各一張、數根孩子的頭髮及來自山上的土。

將取自山上的土撒在和紙上，擱置一晚。另外再汲取井水，在夜露中擱置一晚。翌日，在井水中加入醋，對著和紙噴霧。再用同樣的井水磨墨，在已經乾了的兩張和紙上寫下左圖的文字。在寫好的符咒前焚香，然後將紅紙埋入土中，黃紙則包住頭髮，埋在庭院(東側)裡。八天後，用以酒四、鹽三、水三的比例調成的液體從上方澆淋。

治療智慧發展較遲兒的咒法

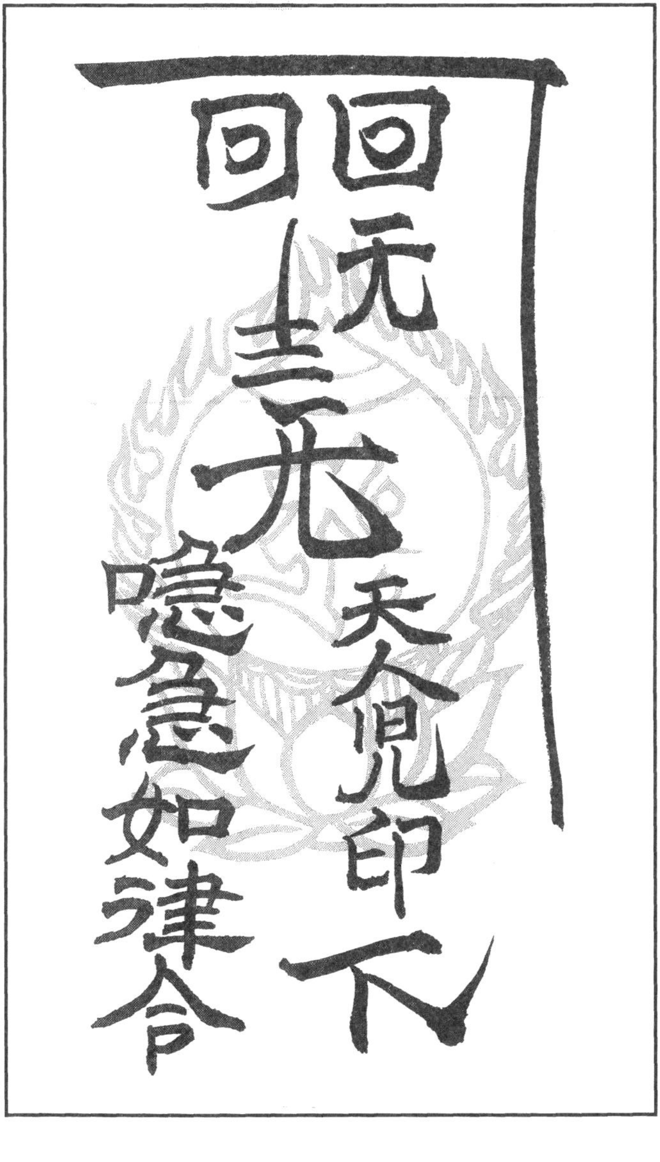

密教開運咒法・其20

摘除孩童不良行為嫩芽的咒法

近年來，未成年兒童做出殺人、偷竊等不良行為，經常出現在新聞報導中。

不論是校園暴力或家庭暴力，近來都有愈演愈烈的趨勢。光是因為「畢竟還是孩子……」而予以寬待，並不能收到改善的效果。

一味地追究究竟是受電視影響或學校教育不當所造成的，根本無濟於事。眼前，當務之急，即設法解救這些已經做出種種不良行為的孩子。

當孩子出現了不良行為的徵兆時，在其身邊的家人應該是最早知道的。而能夠使其走回正道，應該才是最重要、最有效的解決方法。

以下為各位介紹一則具體的咒法，希望能徹底改正孩子的不良素行。

首先準備相當於孩子年齡的銀杏葉、紅色、黃色的和紙，然後用孩子常穿的衣服包住，擱置兩晝夜。

取井水加入少許鹽，將銀杏葉泡在其中一個晚上。翌日取出濡濕的葉片，夾在二張和紙之間。

用相同的井水磨墨，在和紙上仔細寫下左圖的文字。

在符咒前焚香之後，將銀杏葉分成二等分用符咒包住，放入孩子的衣櫥內。

符咒一旦被孩子發現就會失效，因此要注意不可被孩子看到。

經過三十天後將符咒燒成灰燼。如果情況未見好轉，則將灰燼塗在他經常使用的物品上。

摘除孩童不良行為嫩芽的咒法

密教開運咒法・其21

治療孩子說謊的咒法

「狼來了！」有位少年經常這麼欺騙大人，當大人們慌慌張張地趕來時，他便得意地哈哈大笑。有一天，少年發現狼真的來了。「狼來了，狼來了！」少年拼命大叫，然而大人卻因為以往上過太多次當，以為這次也是騙人而已，因此並沒有人趕來幫忙。「我不是說謊，這次是真的！快來救我啊！」喜歡騙人的少年，最後終於被狼吃掉了……。

這則故事的主要用意，是勸人們千萬不要說謊。

孩子之所以說謊，多半是為了掩飾自己的過錯。他們也知道說謊不好，但一則擔心遭到責罰，一則為了保護自己，於是只好編謊話使自己的行為變得合理化。俗話說：「說謊也是一種方便。」對於懂得分辨是非的大人而言，偶爾撒點小謊倒也無傷大雅。可是對正值成長中的孩子來說，為了避免像故事中的少年那樣自食惡果，最好儘早治療說謊的習慣。

其方法如下：準備二張紅色的和紙（半紙大）、二根小柿枝及相當於孩子年齡數的黑豆。在井水中溶入少許食鹽，然後把小柿枝和黑豆全部放入其中浸泡一晝夜，再在二張和紙上分別放置小柿枝和黑豆。

用井水磨墨，並在和紙上寫下左圖的文字。將寫好的符咒一張包住黑豆，一張包住小柿枝。

將符咒分別置於孩子及母親房內的高處（東側）。等到孩子說謊的毛病治好以後，便將整個符咒包埋在庭院土中。

治療孩子說謊的咒法

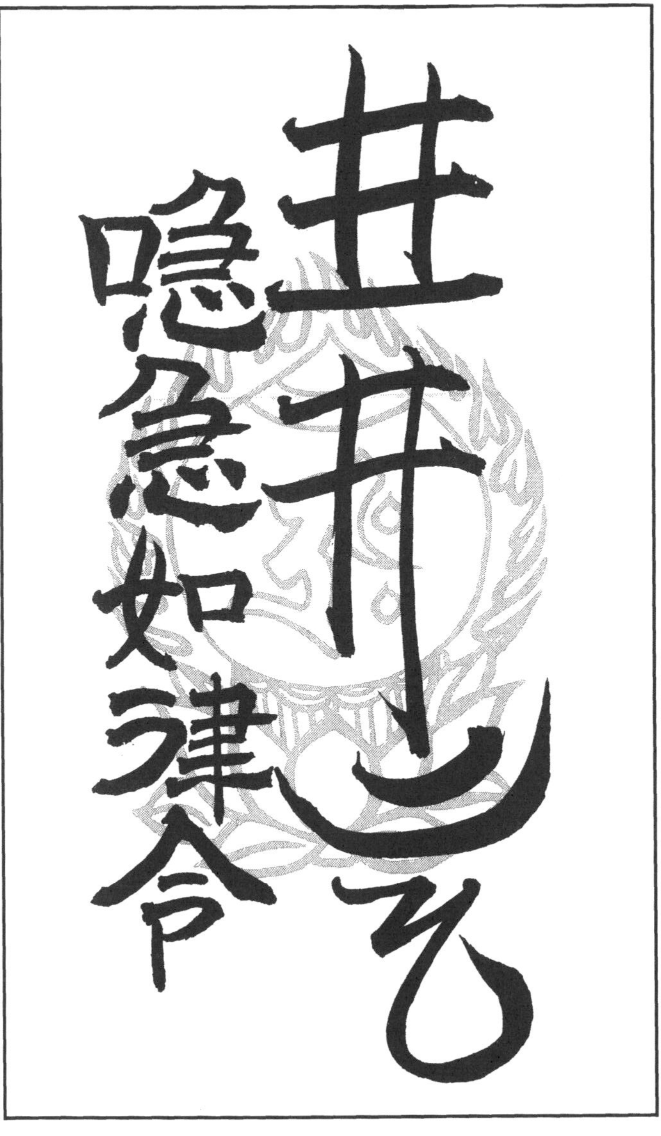

治療孩子偷竊習慣的咒法

犯罪者的低年齡化，已經成為日益嚴重的社會問題。不良行為首先是從當扒手開始，然後逐漸演變成暴力行為或不純的異性交往。

在幾年以前，因作出不良行為而引起人們注意的，多半是國中以上的孩子，但是如今卻連小學生也會做出種種令人震驚的惡行。

當孩子在超級市場偷自己想要的點心、玩具時，本身或許並沒有任何犯罪意識。因此，如果父母不能負起教育責任、不能灌輸孩子「店裡面的東西一定要用錢去買」的基本觀念，恐怕孩子永遠也不會意識到偷竊是不良行為。

當然，孩子不一定會因而走向為非作歹的罪惡深淵，但是當其長大成人以後，卻可能為了過自由生活而養成偷盜的習慣……。

儘早改正孩子偷竊的習慣，是父母的責任。下面所介紹的咒法，各位不妨一試。

準備二條孩子所用的手帕及一支玫瑰莖。將手帕和致瑰莖放在山泉水中浸泡一晝夜。

用山泉水磨墨，在乾了的手帕上寫下左圖的文字，然後焚香。

取一張符咒包住玫瑰莖，另一張則包住三根孩子的頭髮。兩者均放在孩子所睡房間的天花板內約三十～六十天。

等到偷竊習慣改正以後，再將手帕埋入土中。

治療孩子偷竊習慣的咒法

密教開運咒法・其23

緩和孩子反抗心理的咒法

在孩子的成長過程中，會出現二次反抗期。第一次反抗期是在幼兒時期，第二次則是在青春期。尤其是青春期的孩子，反抗心理極端強烈，往往令周圍的大人憂心不已。

現代小孩多半在父母的寵愛下成長，因此養成任性驕縱的性格，一旦稍不如意或遇到不開心的事，就會高聲對著父母大吼：「嚕嗦！」

如果只是說些不雅的話語倒也還好，問題是情況往往會演變成動手打人，發展成所謂的「家庭暴力」。當孩子以反抗來發洩他內心的痛苦時，一味地壓抑根本無濟於事。首先必須設法使其反抗心理緩和至某種程度，以免做出後悔莫及的行為。因此，我建議各位採用以下的咒法。

準備二張和紙（半紙大），焚香後用手指在和紙上空寫相當於孩子年齡數的「心」字。

在上午汲取的水中加入少許清酒，對和紙噴霧。用相同的水磨墨，然後在和紙上寫下左圖的文字。

寫好符咒後再度焚香。

之後將和紙置於存放孩子衣物的衣櫥中二十一天。這時最重要的一點，是不可以讓孩子看到符咒。

到了第二十二天，將符咒燒成灰燼裝入小布袋中，置於孩子枕下。等到不再需要以後，用水沖走即可。

緩和孩子反抗心理的咒法

使孩子變得開朗的咒法

一般而言，孩子的性格在三歲以前就決定了。有人主張：「必須從妊娠階段就開始進行教育。胎教絕對不容忽視。」的確，把與母親的接觸當成是全世界的幼兒，受到家人，尤其是母親的影響最大。既然孩子的性格在很早的時期就會形成，大人就應該提供一個快樂、爽朗的成長環境。在這種家庭中成長的孩子，才能培養開朗的性格。相反地，在經常發生爭執的家庭中成長的孩子，個性多半會變得比較彆扭。

進入青春期以後，很多孩子會開始在內心反省，從而對自己的性格感到煩惱。有時他們也會試著改變自己，但卻因為性格已經定型而功虧一簣。而在孩子身邊的父母，對於堪稱自己寫照的孩子，必須從平常就開始仔細觀察。一旦發現正值成長階段的孩子遭遇困擾，務必要給予適切的幫助。

本咒法的目的，是要使性格不夠開朗的孩子變得開朗。重點在於一定要由母親進行。

首先準備一張和紙（半紙大），顏色不拘，但最好選擇孩子喜歡的顏色。

在凌晨二點取水，與少量清酒調拌後對著和紙噴霧。接著將和紙摺成八摺，在夜露中擱置一晚。再用凌晨二點所取的水磨墨，在攤開的和紙上寫下左圖的文字。

對著和紙焚香後，用和紙包住母親和孩子的頭髮，其上用紅線綁成十字形，然後將符咒放入孩子的衣櫥裡面。等到不再需要時，便將和紙燒成灰燼用水沖走。

使孩子變得開朗的咒法

使男孩用功讀書的咒法

放學回家後只知道玩，不喜歡讀書，但是考試成績卻很好的孩子的確存在。觀察這些孩子的生活，可以發現他們都具備良好的集中力，對上課時間該學的東西全部都能吸收，因此回到家裡自然不必再拼命用功了。

不過，這樣的孩子畢竟只是少數。大部分的孩子除了上課要用心聽講以外，回家以後還要用功溫習，否則就跟不上學校的進度。此外還要很多功課要作，還要到補習班上課，家庭環境好一點的，甚至還要請家教為孩子作課後輔導。

在升學競爭激烈的現代，這已經是非常普遍的現象。對為了讀書而被迫放棄遊戲時間的孩子而言，的確是非常可悲的事情。

義務教育的指導內容過多，授課步調過快的結果，是形成一群抑鬱寡歡的孩子。

在這種狀態下，孩子很容易會跟不上功課或變得討厭唸書。一旦跟不上功課，就更討厭唸書，結果形成一種惡性循環。為了避免孩子成績落在人後、不喜歡讀書，施行這個咒法可說是父母的義務。

將相當於孩子年齡數一倍的小紅豆煮熟後取出晾乾，另外在煮汁中放入相當於孩子年齡數的松葉，擱置一晝夜。

在一張白色的和紙上，以加水稀釋的煮汁噴霧。接著再用相同的汁磨墨，在乾了的和紙上寫下左圖的文字。將寫好的符咒包住小紅豆，用紅線綁住後放在孩子不容易發現的天花板（孩子的房間）上。不用時將其埋入土中即可。

使男孩用功讀書的咒法

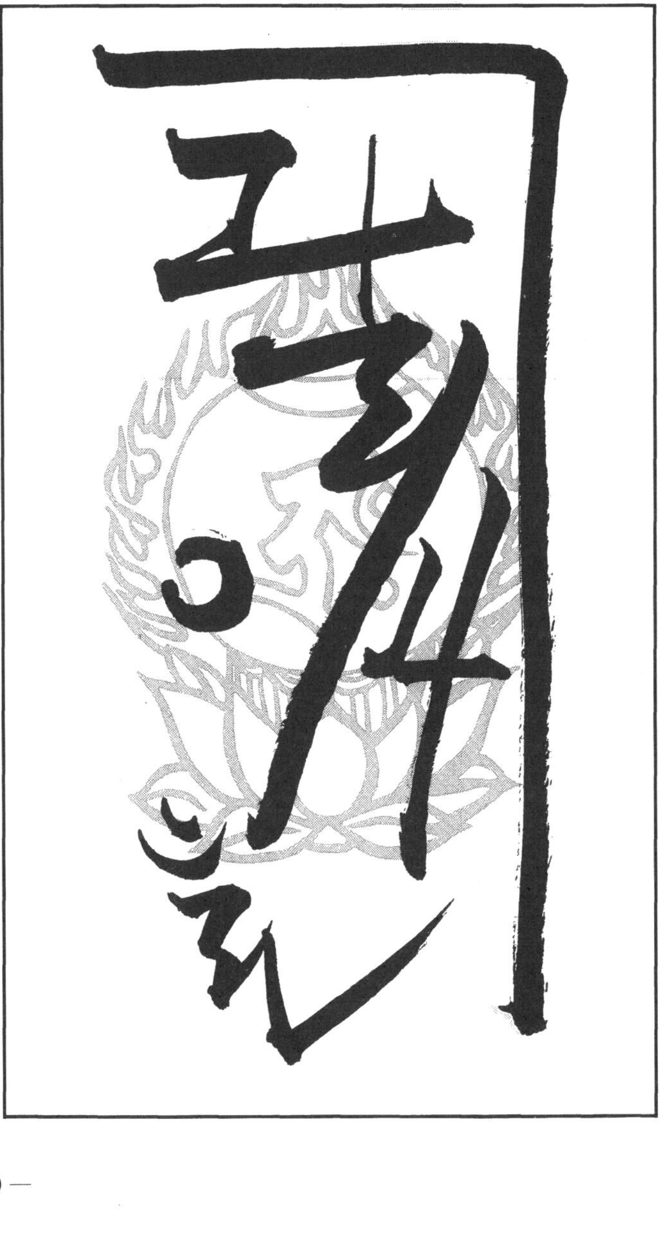

使女孩用功讀書的咒法

我一向認為，女性比男性更需要教養。

現在的女性已經深入各個領域，活躍程度並不亞於男性。而在教養方面，她們和男性也是不分軒輊。若非如此，她們又怎麼與男性平起平坐呢？至於今後，社會大衆對女性的期待更高，因此，身為女子更應該努力向學才對。

我認為女性需要教養的最大理由，是為了將來成為賢妻良母。會對孩子造成重大影響的母親若是無知的話，的確很令人困擾。

為了成為一位傑出的女性、優秀的母親，我由衷地希望女孩子能夠多多學習。

以下為各位介紹一則咒法。

準備二張和紙（半紙大），顏色不拘，但最好選擇孩子喜歡的顏色。此外，還要準備四瓣白玫瑰花瓣。

對和紙焚香後，將玫瑰花瓣放在雨水中浸泡一晚。用雨水磨墨，然後在二張和紙上寫下左圖的文字。這時要注意的是，必須唸六次孩子的守護靈真言（真言部分請參照書末）。

在每一張符咒上各放二片花瓣，然後兩張重疊在一起，摺成四摺，放在孩子房內本人看不到的地方十四天。

到了第十五天將和紙燒成灰燼，塗抹在孩子所使用的梳子上。

使女孩用功讀書的咒法

密教開運咒法・其27

增強孩子記憶力的咒法

「最近變得好健忘，昨天的事今天就忘得一乾二淨了……」經常聽見有人這麼自嘲著。在現代，記憶力已經成為判斷一個人是否開始老化的標準。

此外，記憶力的好壞，也是決定各人學習能力的重要因素。尤其對學習語言學而言，幾乎都必須依賴記憶。說良好的記憶力是學習語言學的必要條件，一點也不為過。即使具備優秀的理解力，如果很快就忘得一乾二淨，那麼根本沒有任何作用。

若想增強記憶力、大量吸收知識，可以施行以下的咒法。特別是頭腦具有柔軟性的孩子，我建議他們多加利用。一旦記憶力增強、學習能力向上提升，孩子就會產生自信，連帶地對生活方面也會造成良好影響。如果當事人還小，不妨由父母或兄弟姐妹代為施行。

首先，準備相當於孩子的年齡數，如明信片般大小的白色和紙，在夜露中擱置一晚。於凌晨二點取水，用這水磨墨後逐一在和紙上寫下左圖的文字。對著寫好的符咒焚香後，從晚上十點到凌晨零點為止，連續在夜露中擱置三晚。

待符咒充分乾燥後再次焚香，在孩子房內的東南西北各貼一張，其餘的符咒則置於孩子枕下二十一天。

第二十二天將符咒全部收齊，燒成灰燼。灰燼磨成粉後，塗抹在孩子的額頭或後頭部。如果孩子喜歡戴帽子，也可以把灰抹在帽子上。

增強孩子記憶力的咒法

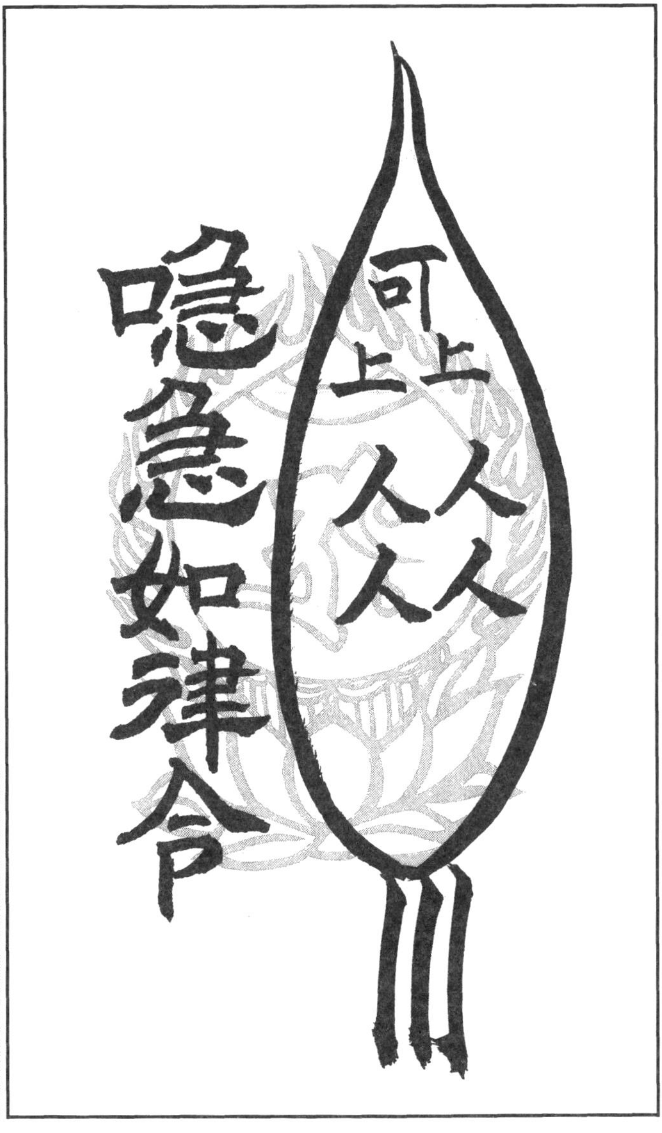

密教開運咒法・其28

使孩子在考試時發揮實力的咒法

學生最常碰到的就是考試。尤其是面對競爭激烈的高中、大專聯考，往往必須在長達一、二年的時間裡，每天看書看到深夜。

但是，即使平時非常用功，成績也相當不錯，但是考試時的某些突發狀況，卻使得孩子無法充分發揮實力。遇到這種情形，真教人欲哭無淚。

對這些人，我建議他們採用以下的咒法。

使用這個咒法，能夠使你獲得充分發揮本身實力的法力。

本咒法必須在考試前十四天開始進行。如此，到了第十五天，也就是考試當天，就能產生效力。

首先，以清酒對六張和紙（半紙大）噴霧，然後焚香。接著將和紙摺成四摺，再用手撕開。切記，千萬不可使用刀子或剪刀等利刃。

其次是由當事人親手磨墨，在先前撕成四分之一的和紙上，寫下左圖的文字，全部共二十四張。寫好後自二十四張中取出四張，分別貼在房內東西南北四個方向的高處。注意，絕對不可釘上圖釘。

剩下的二十張用白紙包住，祭祀在神壇或佛壇前。於考試前一天將其燒成灰燼，用白布包好在考試當天貼身帶著。

順利通過考試後，將貼在東西南北的四張紙也撕下來化成灰燼，全部溶於清酒之中，然後用水沖掉。

使孩子在考試時發揮實力的咒法

密教開運咒法・其29

能順利進入國中、高中就讀的咒法

希望子女進入理想中學就讀的父母，可以施行此一咒法。

上國中也要參加入學考試嗎？……也許也有人會提出這個疑問。事實上，想要進入某些一流的私立中學就讀，有時反而比考上大學還困難呢！有些父母認為，孩子若能進入一流的私立中學就讀，就等於為日後參加大專聯考打下良好的基礎。因為這個緣故，很多孩子都是從小學時代就開始上補習班了。對父母和孩子來說，這真是名副其實的長期抗戰。

高中聯考自然也是競爭激烈。和國中不同的是，「如果考不上，就沒有不需要考試的公立高中可唸了。」

對大部分的孩子來說，初中、高中入學考試是其人生當中的第一道關卡。如果想要順利過關，最好採行以下的咒法。

準備與孩子的年齡數相當的紅色和紙（如明信片般大小），一張張焚香。

在井水中加入食鹽擱置二十四小時以後用來磨墨。接著在焚香過的每一張和紙上寫下左圖的文字，並逐一疊在事先準備好的杉枝上，最後用白線綁住。

這時口中要唸考生的守護靈真言，確信能夠順利入學。

將寫好的符咒放在考生房內的高處（東側）二十一天。

到了第二十二天，將符咒化成灰燼，於考試當中用白紙包住或裝在袋子裡，悄悄塞進考生的書包裡即可。

能順利進入國中、高中就讀的咒法

密教開運咒法・其30

能順利考上大學的咒法

要考上理想的大學，似乎愈來愈難了。為了爭取好成績，很多高中生犧牲寶貴的青春歲月，將全部時間用在上補習班和準備功課上。曾經嘗過聯考煎熬的人，自然很能體會其中的難苦。問題是，為了考上理想大學，為了今後的人生，我們不得不稍微作點犧牲。

時至今日，上大學已經成為一種社會風潮。不過，好不容易才擠進大學窄門的新鮮人，卻意外地發覺原來考試本身才是自己的目標。這時，整個生活會突然失去重心。

本咒法雖然能夠幫助考生順利考上大學，但如果本人沒有既定的目標及入學意志，終究無法產生效果。不管周圍的人再怎麼努力施行，咒法也不會生效。

讓考生將左手置於白色和紙（半紙大）上，用力地壓出手型來。

對著帶有手型的和紙焚香。

在凌晨二點汲取的水中加入少許鹽，擱置二十四小時後用來磨墨，並在和紙右上方寫下左圖的文字。

將完成的符咒摺成八摺，讓考生本人隨身攜帶。待考上理想大學以後，再用酒對著符咒噴霧，然後化成灰燼用水沖掉。

能順利考上大學的咒法

第四章

去除男女感情煩惱的密教咒法

密教開運咒法・其31

使男女雙方心意相通的咒法

想到正值青春期的高中生的單相思，很多人會不禁泛起微笑。不過，當事人可是非常認真的喔！除了寫情書以外，還會四處打聽心上人的生日、喜好，絞盡腦汁只為了博取對方的歡心。當然，事情若能順利發展倒也很好，問題是事情往往不如人意。另一方面，戀愛期間經常會出現一些令人「難為情」的場面。明明想要把自己的心情告訴對方，卻總是辭不達意，結果當然是以失戀收場。但身為年輕人的特權之一，就是可以很快拋開憂愁，轉向另一場戀愛挑戰。

如果有過一些經驗，而且已經長大成人了，卻仍無法與對方心意相通，那麼這段戀情恐將成為心中的傷痕。因此，有的人無法專心工作，甚至變得神經衰弱。由此可見，感情的確在人類心中占有極其重要的地位。

本咒法主要是供想要與心愛的人心意相通的男女使用的。

準備相當於對方年齡數的和紙，逐一用清酒噴霧，然後用左手手掌在和紙上壓出「手型」。

接著用鹽水磨墨，在紙的中央大大地寫下左圖的文字，並在左側寫下對方的姓名、年齡。

將寫好的符咒掛在自己房內高處，表側則朝著對方所住的方向，擱置二十一天。

到了第二十二天將符咒一張燒成灰，然後撒在對方住家的周圍，或是塗抹在對方所攜帶的物品上，都具有良好效果。

使男女雙方心意相通的咒法

密教開運咒法・其32

滿足女性願望的咒法

每個人都擁有許多願望，而且希望這些願望都能成為事實。

願望的內容不一而足，有的是異性問題、有的是金錢問題、有的則是工作問題。

當然，並不是每一個願望都能實現。下面要為各位介紹的，是能夠滿足「女性」各種願望的咒法。

首先準備一張紅布（約半紙大）。如果妳的願望與異性有關，則用紅布蓋住下腹部；與金錢或工作有關則蓋在胸部、其餘的問題則蓋住腹部，擱置一晝夜。

其次，取來初水（早上頭一次汲取的水），如果找不到初水，則在一般的水中加入若干清酒，在夜露中擱置一晚後代用。用這個水磨墨後，在先前蓋在身體的紅布中央部分大大地寫下左圖的文字。

寫好後將紅布摺成四摺，用清酒和鹽水供奉二十一天。

在這期間，每天早晚都要唸般若心經六次，接著唸出自己心中的希望。所謂的唸，可以直接說出來，也可以在心中默唸。

經過二十一天以後，把紅布當成護身符一般，寸步不離地貼身帶著。

記住，一張紅布只能達成一個願望，故絕對不可許下兩個以上的願望。

願望實現以後，即可將紅布撕碎燒成灰燼，然後倒入河水中沖走。

滿足女性願望的咒法

密教開運咒法・其33

瞭解女性本心的咒法

所謂的「女人心，海底針」，是指女人的心思很難捉摸。的確，女性那變化莫測的心，經常令男性感到不知所措。

男性不會將感情形諸於外，也比較懂得自我控制。相較之下，女性在言語、行動方面，都比較直率。正因為想到什麼就說什麼，所以才令人覺得難以捉摸。

對於自己也有的部分，男性當然也能瞭解。至於男性所沒有的部分，要想瞭解可就難了。

尤其是對自己心儀的女性，如果不能瞭解對方的心思，往往會令男性十分苦惱。她的心裡到底在想些什麼呢？為什麼前一刻還眉開眼笑的，此刻卻變得冷若冰霜呢？……

對為此而感到苦惱的男性來說，這個咒法能發揮很大的作用。

首先準備白色，紅色的和紙（如明信片般大小）各一張，用清酒進行噴霧。然後在凌晨二點汲取的水中加入少許鹽用來磨墨，並沾墨在二張和紙上寫下左圖的文字。這時，千萬別忘了唸自己和對方的守護靈眞言（眞言部分請參照書末）。

將寫好的符咒各自摺成二摺、四摺貼身帶著，這樣就可以看穿女人心了。

瞭解女性本心的咒法

密教開運咒法・其34

使想要結婚的男性心想事成的結緣咒法

近年來，男女的結婚年齡都提高了。以男性來說，年過三十仍是單身漢的人並不少。已屆適婚年齡而尚未結婚的男性，大致可分為三種典型，因為工作忙碌而無暇和女性交往的工作狂型，不願意只和一位女性終身廝守的花花公子型，以及因為雙方的談話沒有交集而決定放棄的無緣型……

總之，因為某些理由，很多年過三十的男性，會出現「雖然到了適婚年齡卻還結不成婚」的煩惱。

有上述煩惱的男性，不妨試試以下的咒法。必須特別注意的是，絕對不可似被任何人知道。

取紅色的和紙（半紙大）六張、小桃枝三根及燒成灰的銀杏葉備用。

首先以清酒三、鹽二、井水五的比例，將調好的液體在每一張和紙上噴霧。另外，也要以同樣的方式對小桃枝進行噴霧。

在乾了的和紙撒上少許銀杏葉灰，在不會被入發現的高處（方向不拘）擱置三晝夜。

到了第四天時，用先前的液體磨墨，然後在全部和紙上寫下左圖的文字。

將寫好的符咒兩張、兩張疊在一起，包住小桃枝一根後用白線綁好，共包成三包。然後焚香，放在自己房內的高處（南側）。待找到良緣以後，即可將符咒燒掉，灰燼用水沖走。注意，一次只有一份姻緣而已。

使想要結婚的男性心想事成的結緣咒法

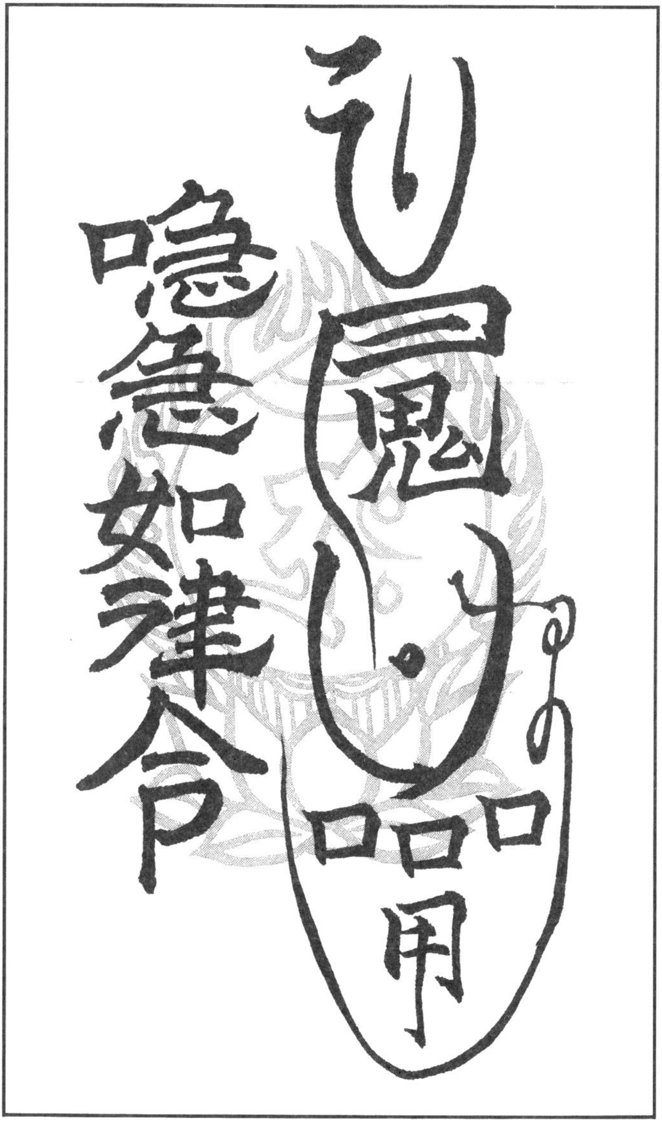

密教開運咒法・其35

使想要結婚的女性心想事成的結緣咒法

根據統計，到婚姻介紹所或交友中心尋找結婚對象的人當中，女性比男性更多。這可能是因為女性有所謂的「適婚年齡」，認為過了這個年齡結婚的可能性就會大為降低的緣故吧！當然，在我看來這根本就是一個非常不合乎邏輯的「原則」。

我認為這種所謂的「適婚年齡」極不合理，應該予以刪除。

不論是年輕人或老年人，只要能夠找到情投意合的對象，任何時候都可以結婚。

儘管如此，固執於「適婚年齡」的男女還是很多。當然，有時當事人並不在意自己是否已屆適婚年齡，但是來自周遭親朋好友的善意關心，卻迫使他們不得不正視這個問題。

本咒法對男人運較弱、較薄的女性，能夠帶來好運。截至目前為止，大部分採用本咒法的女性，都能產生極強的男性運。

想要增強男性運的女性，請準備一張白色的和紙，並對著和紙焚香。

其次以酒四、鹽二、水四的比例，用調成的液體磨墨。

利用墨汁在和紙上寫下左記的咒文作為符咒。將符咒摺成六摺，貼身帶著。

早晚各唸一百次自己的守護靈真言。即使是在睡覺時，符咒也必須貼身帶著。一直到決定結婚對象以後，才可以取下燒成灰燼，用水沖掉。

使想要結婚的女性心想事成的結緣咒法

密教開運咒法・其36

想要獲得子嗣的咒法

結婚十年了，卻膝下猶虛；夫妻倆都沒有毛病，為什麼就是無法懷孕呢？此外，有些人雖然能夠懷孕，卻動不動就流產；也有人因為動過墮胎手術而無法受孕……，在現實生活中，經常可以聽到這些想要孩子卻沒有孩子的煩惱。

從醫學的立場來看，夫妻雙方都沒有問題，可是卻生不出孩子，確實是很不可思議的事情。

社會上固然不乏「殺子、棄子」的女性，但因為沒有孩子而面臨婚姻危機的女性，卻也大有人在。

在許多寺廟裡，都供奉著註生娘娘的神像。而前去求子的善男信女之多，著實令人感到驚訝。

希望擁有子嗣的人，可以施行以下的咒法。只要用心虔誠、認真施行，就一定能夠得到子嗣。

而在施行咒法之前，首先必須清淨身心。清淨身心以後，用清水（泉水或井水皆可）磨墨，然後寫下左記的符咒。書寫符咒的紙必須是白色的和紙，如果可能，最好先對和紙焚香。

將寫好的符咒貼身帶著，，但洗澡時別忘了拿下來。

在每個月的月底祭祀自己的守護靈，同時唸一百遍守護靈眞言。如果夫妻能一起唸守護靈真言，效果將會更好。

想要獲得子嗣的咒法

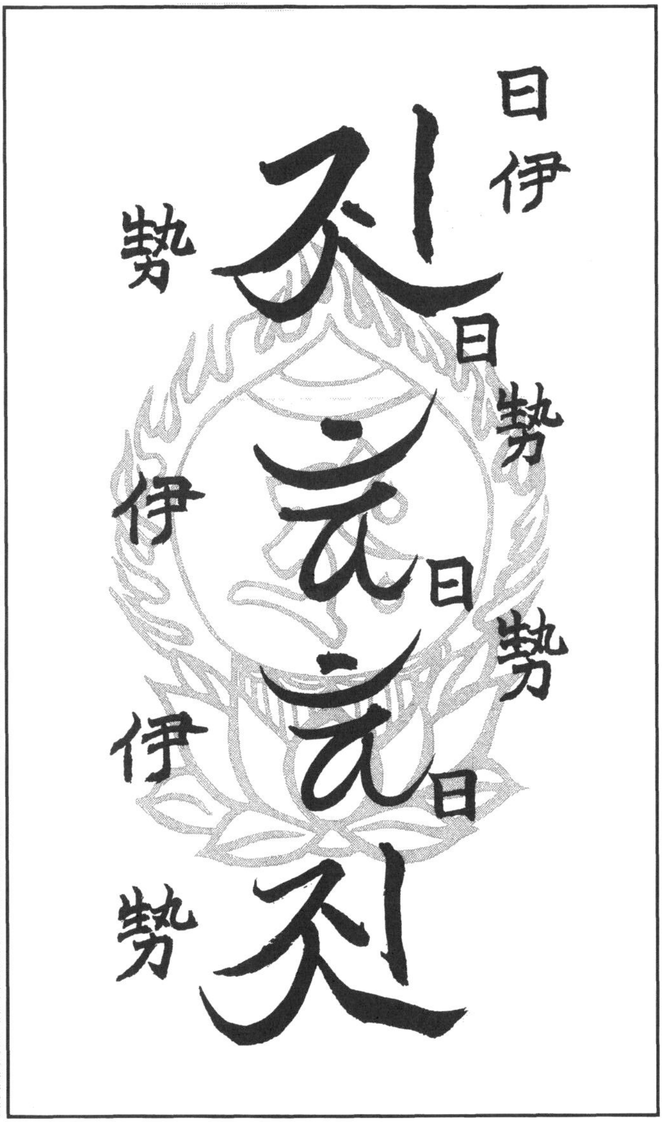

密教開運咒法・其37

因男性善妒而感到煩惱的女性所使用的咒法

男人和女人都有嫉妒心，只是本質上稍有不同而已。

一般來說，女人多半事過境遷，事情過去了就不會再想起。然而男性的嫉妒心，卻會持續很長一段時間。如此一來，當然會對男女關係造成影響。

有些男人的獨占慾極強，一看到自己心愛的女子和別的男人說話，就立刻打翻醋罈子，不斷猜想她是不是喜歡上對方……。

想要獨占對方，希望對方眼裡只看到自己，當然也是一種愛情的表現。同理，嫉妒也是一種愛的表現。問題在於，男性和女性不同，根本無法靜下心來靜觀其變，而是不顧一切地任由嫉妒沖昏理智。在現實世界中，擁有這種近似瘋狂的嫉妒心理的男性相當多。所謂過猶不及，太過強烈的嫉妒心不僅不會使女性高興，反而會因為沈重的心理負擔而感到痛苦。

本咒法的適用對象，是因為男性嫉妒心太過強烈而感到煩惱的女性。

取一張和紙（半紙大），用稀釋的鹽水對其進行噴霧。

待紙充分乾燥以後，一邊以對方的年齡數對摺，一邊唸著對方的守護靈真言，祈求緩和對方的嫉妒心。之後將摺好的紙再度攤開，用以稀釋的鹽水磨成的墨汁寫下左圖的文字，並將寫好的符咒包住對方所用的梳子，一起埋入土中。

在尚未見效之前，必須重複好幾次進行咒法。

因男性善妒而感到煩惱的女性所使用的咒法

密教開運咒法・其38

因女性善妒而感到煩惱的男性所使用的咒法

女性的嫉妒令人害怕的地方，不在於它的劇烈，而在於那股陰沈。

不可否認地，的確有很多女性因為嫉妒而變得潑辣。但這與其說是對某位男性產生深切的嫉妒心理，不如說是一種暫時性的情緒表現。當產生嫉妒心理時，只要設法使其發散，通常很快就會忘記了。這也正意味著，女性的嫉妒心比較單純，不像男性那樣具有爆發的危險性。

但是談到表現方法，卻比男性更令人害怕。例如，她們會繞圈子罵人，或者花很長的時間慢慢地折磨你……。有時明明心裡充滿了嫉妒，臉上卻仍裝出若無其事的樣子。對男性來說，若是肯直接表明心意，反而容易找出解決之道。

站在男人的立場，喜歡把妒意藏在心裡的女性，的確是令人很不舒服的存在著。若是遇上比較膽小的男性，恐怕還會產生被害妄想呢！

以下就為因女性嫉妒而頭痛的男性，介紹一種能夠有效地緩和女性的嫉妒心的咒法。

用雨水與清酒對一張紅色的和紙（半紙大）噴霧。之後再用同樣的雨水磨墨，並於乾了的和紙上寫下左圖的文字。

將符咒和對方女子的內衣褲一起放在不會被發現的地方，擱置二十一天。

在第二十二天燒掉符咒，在灰燼中加入少許鹽調拌，然後趁對方不注意時，悄悄將灰塗在她使用的梳子上就可以了。

因女性善妒而感到煩惱的男性所使用的咒法

密教開運咒法・其39

封閉男女風流的咒法

已經有了戀人或已婚的男女對其他異性發生興趣，也是很自然的現象。正確地說，這是健全人類必有的心理動態。

女人喜歡打扮得漂漂亮亮，男人喜歡打扮得瀟瀟灑灑，說穿了就是希望自己在異性眼中保持美好形象的意識在作祟。

當然，只要懂得適可而止，對另一半欣賞其他異性的行為大可一笑置之。但如果由欣賞轉為實際採取行動，以風流自詡，那可就令人難以忍受了。

下面所介紹的方法，不論男女皆可使用，一旦發現自己的對象變得風流，就以利用本咒法將其風流性格封閉起來，藉此避免引起不必要的痲類。

準備六張和紙（半紙大），用鹽水噴霧。等到乾了以後，將自己對象所使用的梳子在紙的表面由下往上磨擦，次數為對方的年齡數。之後將紙摺成四摺，放在不顯眼的高處擱置十四天。

接著用右手中指攪拌加入鹽的水。用鹽水上方澄清的液體磨墨，並仔細寫下左圖的文字。

磨墨和寫字時，最重要的是要具備希望能封住對方風流的強烈意願。

將寫好的符咒再摺成四摺，中央、上下左右各用針穿洞，再度掛在高處七天。

到了第八天時，將符咒燒成灰燼，灰再磨成粉，塗抹在對方所用的物品上，例如梳子，如此即可發揮制止風流的效果。

封閉男女風流的咒法

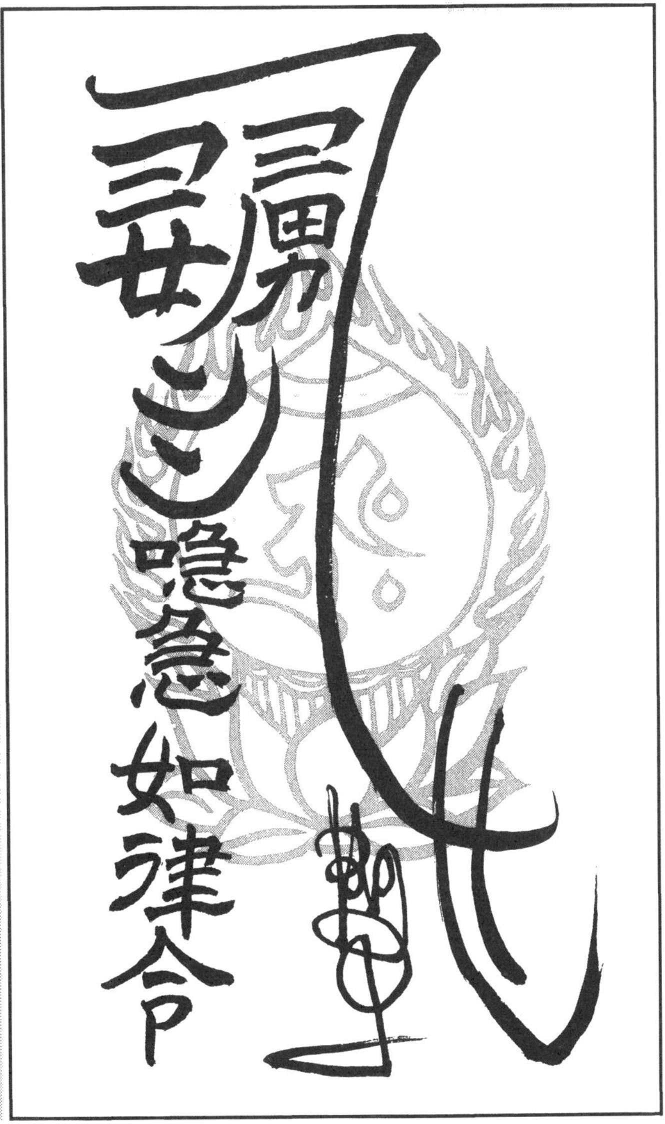

密教開運咒法・其40

封閉男性風流的咒法

有人認為：「風流是男人的本性」，言下之意似乎是說男人若是不風流的話，就不算是真正的男人。當然，這只是某些男人為自己的風流行徑找藉口罷了。「偶爾偷吃一、兩次有什麼關係？只要不被老婆抓到就好了……」對男人而言或許如此，但是對女人來說，丈夫不忠卻是一件非常痛苦的事情。

本咒法的最大作用，就是能夠消除女性的煩惱，防患男性的風流於未然。

同樣是男性的風流，戀愛中的風流、婚後的風流、年輕時的風流與中、老年的風流，本質上各有不同，內容也各有差異。這個咒法是針對廣義的男性，而非針對某個特定的對象。

首先準備好八張和紙（半紙大），然後用雨水噴霧。待充分乾燥後用酒噴霧，再乾燥後置於男性的內褲之間十四天。在這期間絕對不能讓當事人發現，否則就會失去效力。

到第十五天就取出紙來，將疊好的小張紙用針穿上相當於男方年齡的小洞。

接著用從寺廟求來的井水磨墨。這時最重要的一點，是心中要一直想要停止男性的風流。用磨好的墨在紙的中央下方寫下左圖的文字。當然，這時也必須祈禱。

將紙摺成八摺，高掛在不顯眼處二十一天以後燒成灰。把灰磨成粉，塗抹在男性所用的物品上。這個咒法成功的秘訣，就是絕對不能讓男性發現。

封閉男性風流的咒法

封閉女性風流的咒法

過去很多人都認為風流是男人的特權，但是如今情況已經改觀了。一般人的貞操觀念已經相當開放，其中又以女性最為顯著。某些女性週刊所報導的事情或許只是特例，但其大膽程度卻令人咋舌不已。單身女性同時結交兩個以上的男朋友，早已不是新聞。有些女性明明已經羅敷有夫，卻還背著丈夫在外結交男友。對男人來說，有個喜歡招蜂引蝶的妻子，當然是很痛苦的事情。

這裡所介紹的是封住女性風流的咒法，但如果原因是出在與男性的性關係上，則咒法不具效力。男性的情形也是如此，如果導致風流的原因是由於人類的本能——性需求，那麼根本無法封住風流的傾向。

施行這個咒法所需要的東西，包括女方所使用的手帕及四張和紙（半紙大）。

首先，用酒對著手帕、和紙噴霧，然後放在廚房的地板上，其上鋪上筷子成X型，擱置一晝夜。

用酒三分、水七分調成的液體磨墨，在手帕左側、和紙中央寫下左圖的文字。這時，必須虔誠地祈求封閉女方的風流。

寫好後將和紙折成八折，用手帕包住塞入放著女方內衣褲的櫃子裡二十一天。

切記，絕對不能被女方發現，否則符咒就失效了。

在第二十二天把和紙燒成灰燼，用手帕包住，並塗抹在女方所用的物品上。

封閉女性風流的咒法

密教開運咒法・其42

封閉毀滅性風流的咒法

人的性格原本就是屬於三心二意，經常是吃在嘴裡，看在碗裡。也就因為如此，人類才會煩惱不斷。以男女關係而言，在雙方還沒有走到絕裂的地步之前，最好趕快施行這個咒法。

這個封閉風流的咒法，條件相當嚴格，如果沒有堅強的意志，是絕對無法完成的。

首先，準備好白色和紙（半紙大），將每一張和紙摺成四摺，在每個四分之一的部分寫下文字成為一道符咒。符咒的數量必須配合當事人的年齡，因此如果是四十歲的人，就準備十張和紙。符咒的作法如下：

以鹽三、醋三、水四的比例，用小松枝調拌液體後磨墨。在焚過香的和紙上，用墨仔細寫下左圖的文字。同時，還要唸自己與對方的守護靈真言及封閉風流的願望（真言部分請參照書末）。

寫好符咒後再次焚香，掛在房內的高處（北側）擱置二十一天。

從第二十二天起三天內，用取自山上或寺廟附近的杉木、松枝粘取飯粒，將寫好的符咒貼住。

因為必須在沒有任何人看見的情況下進行才有效，所以最好是選擇半夜施行。

封閉毀滅性風流的咒法

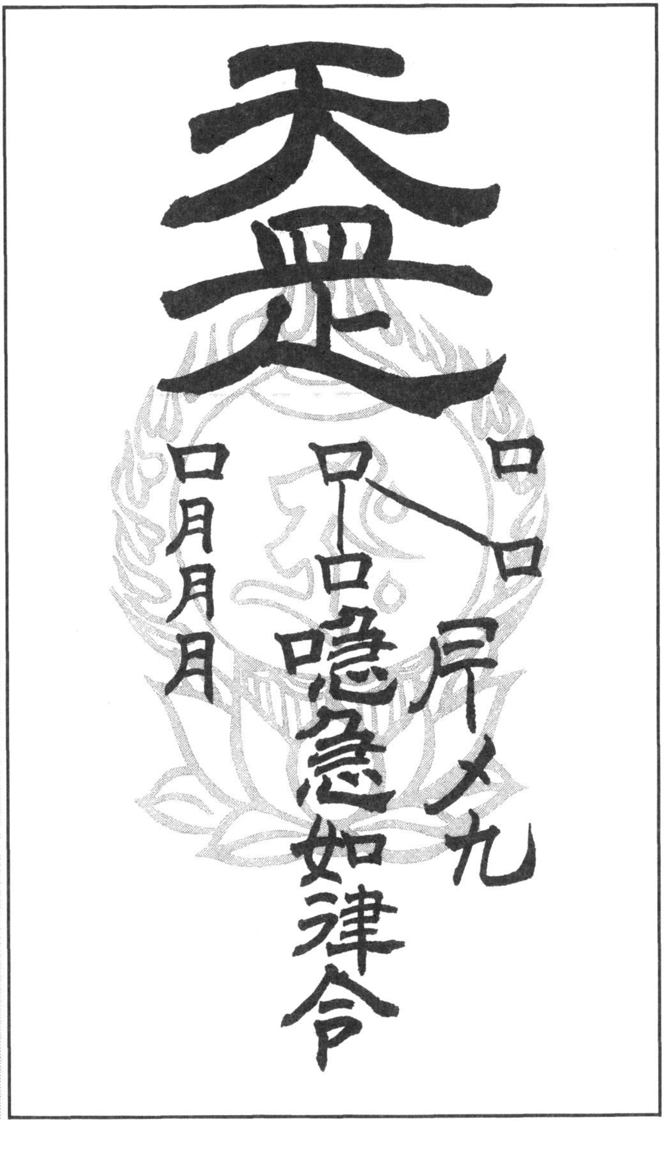

密教開運咒法・其43

使男女關係破裂的咒法

要從中破壞相愛男女的感情，是任誰也不願意作的缺德事。

但是，有時情況卻逼得你不得不這樣做。

第三者經過冷靜的分析，認為當事人最好分手，然而男女雙方卻充耳不聞，這時當然只好採取斷然措施了。有道愛情會使人變得盲目，相愛的人眼裡只有彼此，故而即使是出自善意，勉強要他們分手，也只會招來怨恨。對於你的勸阻，他們一點也不會表示感謝。為免事後招來怨懟，在施行咒法之前，一定要格外慎重，同時也要尊重當事人的感覺。

這兒所要介紹的，就是使男女感情破裂的咒法。不過我還是要再強調一次，「絕裂」這種行為本身，並不是我建議各位採用的作法，因此，千萬不可胡亂使用。尤其，如果你是為了橫刀奪愛而使用這種方法，那就更要小心謹慎了。

準備一張紅色和紙（半紙大）。用雨水在和紙上噴霧後，使其充分乾燥。

使用同樣的雨水磨墨，在乾了的和紙上寫下左圖的文字。

將寫好的和紙摺成八摺，貼在高處二十一天。記住，符咒必須朝著想要使其關係破裂的二人所住的方向。

在第二十二天上午，於沒有任何人發現的情況下，把符咒燒成灰燼。

將灰燼分三次撒在想要使其關係破裂的男女的住家前。此外，將灰燼塗在二人所持物品上也具效果。

使男女關係破裂的咒法

密教開運咒法・其44

想要清算三角關係的男性所使用的咒法

雖然已有妻室，但是碰到令自己心動的女人，還是會忍不住產生愛慕之意。如果女方也有意，就會發展為戀情，形成複雜的三角關係。會受異性吸引乃是人之常情，但是已婚者卻不能忘了自己已婚的身分。對已婚者而言，三角關係是非常麻煩的問題，對家庭和事業都會帶來很大的困擾。因為，你很可能會一直想著：「不能再這麼下去了，一定要趕緊解決才行！」結果卻忽略了工作。

這個咒法是供想要清算三角關係的男性使用的，只要認真實行，一定能夠發揮效果。

不過，只適用於清算與戀人或愛人的關係，如果是想要清算與妻子的關係，則不具任何效力。

準備一張半紙，充分焚香。在乾淨的容器中放入八分滿的水，在夜露中擱置二晚。然後用這個水磨墨，在先前的半紙上畫寫左圖的畫和文字。

在人形圖案的右臂寫下妻子的名字，左臂寫下對方女性的名字，身體部分則寫下自己（男性）的名字。

寫好的符咒放在不顯眼的高處，持續二十一天用鹽水供奉。然後取下貼身帶著，一直到關係清算為止。

願望一旦達成，即可將符咒化為灰燼，用調拌好的清酒和水將其沖掉。

必須注意的是，絕對不可以告訴別人你使用這個咒法。

想要清算三角關係的男性所使用的咒法

密教開運咒法・其45

想要清算三角關係的女性所使用的咒法

自己心愛的男人已有家室……明知自己沒有權利破壞別人的家庭，卻又無法壓抑想要獨占對方的心情。處在愛的夾縫中備受煎熬的女性，近來有日益增加的傾向。稍一處理不當，有時甚至會引發悲劇。而對女性來說，愛上一個不該愛的男人，本身就是一件悲劇。

這個咒法是專為深受三角關係所苦的女性所發明的。

不過，如果妳是抱持攻擊的心態，想要把他從妻子身邊「奪」過來，則無法產生效果。換言之，抱持希望藉助神佛法力來解決兩人之間的感情糾葛的心情非常重要。必須擁有寬大的胸懷，才能使咒法產生好的結果。

萬一結果不是如自己所想的，那麼也只好把這想成是自己與他之間的運了。

咒法的內容如下：

在事先準備好的一張半紙前焚香，然後用殘留著他肌膚香味的手帕包住摺好的半紙，擱置一晝夜。

於杯中倒入六分水、四分清酒，置於夜露中一晚。用杯中的酒水磨墨，並在半紙上畫下左圖的圖畫與文字。

畫圖寫字的同時，要一心想著他。

其次在人形圖案的右臂寫下自己（女性）的名字，左臂寫下對方妻子的名字、身體部分則寫下對方的名字，然後置於高處二十一天，期間要用清酒供奉祭祀。

滿二十一天後取下將符咒貼身帶著，一直到有了結果為止。

想要淸算三角關係的女性所使用的咒法

第五章
擺脫頑固宿疾的密教咒法

密教開運咒法・其46

用陰針治療疾病的「陰針治療咒法」

有些疾病並非會危及生命的重病，治療起來也不是非常困擾，只要持之以恆就能治好，但是患者本身卻仍為此而感覺有如芒刺在背，臉上經常帶著抑鬱寡歡的神情。

許多病患因為太過在意自己的病，於是給自己設下許多限制……不能出門旅行、不能運動，甚至拒絕與人見面，把自己困在家裡。

事實上，這麼做反而會使病情加重。只要抱持積極治癒疾病的想法，如常外出，過著和正常人一樣的生活，就能使疾病迅速痊癒。

下面所介紹的陰針治療咒法，對此一定能夠有所幫助。

方法是，在白色的和紙上取病人的足形，男性為左腳、女性為右腳。然後如左圖所示，把黑點塡入圖形中。

在寫好的符咒前焚香。

取數支全新的針，和符咒一樣先經過焚香的手續。一切準備就緒後，手持符咒與針，並且唸六次以下的藥師如來真言：

嗡克洛克洛光達里馬特基索瓦卡

再唸三次真言以後，用針刺相當於自己患部的黑點（參照左圖）。

一邊祈禱疾病早日痊癒，一邊拔出針來，然後把符咒燒成灰，針與灰一起埋入土中。相同的方法重複多次以後，就能使疾病逐漸痊癒。

用陰針治療疾病的「陰針治療咒法」

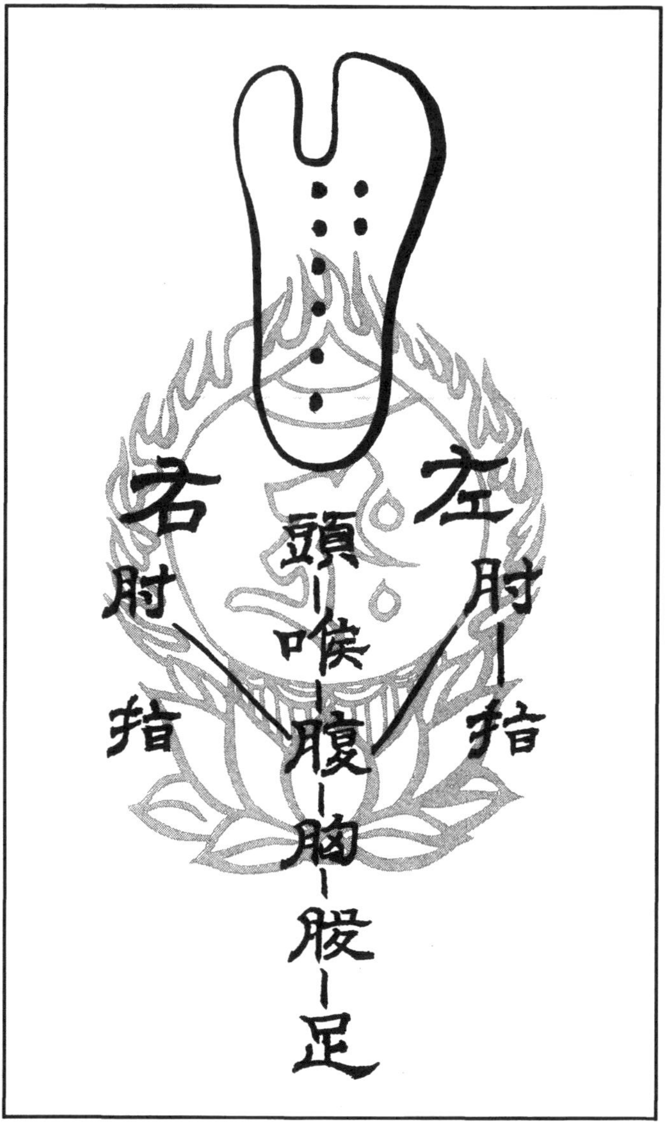

使重病患者病情減輕的咒法

這是使連醫生也束手無策的病人病情減輕，延續生命的咒法。

現代醫學日新月異，不斷地發現各種新藥和治療方法。以前被視為不治之症的疾病，現在已經沒有什麼好怕的了。

但是在這同時，卻也出現了所謂現代病這種疑難雜症。

知道自己罹患不治之症後，患者內心當然十分痛苦。而家人的擔心和辛苦，更是不在話下。

部分家屬為免病人絕望，故意隱瞞病情，強忍著悲傷，東奔西走四處尋求好的治療方法。只要還有一絲希望，他們就不會放棄了。

有感於家屬們的誠心，我由衷地希望這個咒法能夠發揮助益。

準備四張白色的和紙（半紙大）及四片患者最喜愛之花朵的花瓣。

和紙於焚香後摺成二摺，放在病人枕下一晝夜。

然後再次焚香，用從寺廟取來的井水磨墨，在四張和紙上寫下左圖的文字。這時，千萬不要忘了各唸六遍病人的守護靈真言及藥師如來真言。

將寫好的符咒疊在一起，包住花瓣後摺起來，放在佛壇或病人所睡房內的高處（東側）二十一天，期間要進行祈禱或唸守護靈真言。

使重病患者病情減輕的咒法

密教開運咒法・其48

使長年患病的患者迅速恢復健康的咒法

長期住院或長年待在家中療養的患者，想要擁有健康的意念比誰都強。

只有生過病的人，才知道健康的可貴。因此，擁有健康的我們，實在應該好好感謝上蒼讓我們得以擁有健康的身心。

因為感冒而被迫一整個禮拜都躺在床上時，任誰都會感到厭煩。此外，發燒時全身發燙的感覺，也會讓人覺得很不舒服。僅僅一個禮拜你就受不了，那些臥病在床二、三個月的患者內心的感覺，也就可想而知了。

不只是病人本身，連照顧病人的家屬也非常辛苦。

對於情況未見好轉的長期病患，可以使用這個咒法使其早日恢復健康。

首先準備二張和紙。其中一張畫上左圖的畫，並參考左記找出與病人干支相合的數字，在畫的下方寫下數目相同的「鬼」字。

子─1　丑─8　寅─7　卯─5
辰─2　巳─5　午─5　未─9
申─5　酉─5　戌─2　亥─2

接著用手將另一張和紙撕成人的形狀。將兩張和紙疊在一起，對摺後祭祀於佛壇，唸一百遍光明真言（參照書末）。祭祀完畢後將二張符咒焚燬，灰燼灑上鹽後用鹽水沖走。

可以視病人的情況重複施行，不過最多以七次為限。

使長年患病的患者迅速恢復健康的咒法

密教開運咒法・其49

因無法完全治癒之婦女病感到煩惱者使用的咒法

婦女病多半十分麻煩。雖然症狀不至於嚴重到需要臥病在床，但是卻沒有特效藥，而且即使花很長的時間，也未必能夠完全治好。

這種痛苦，男性是無法瞭解的。大致說來，婦女病和其他疾病一樣，如果不能找出致病的原因，就無法根治。

當然，患者本身的健康、精神狀況也會造成很大的影響。

幾乎跑遍各大小醫院，卻仍無法治癒疾病的婦女，不妨試試這個咒法。

準備好白色和紙（半紙大）一張、半紙大的紅布一塊及松塔二個。

對著和紙和紅布焚香以後，用雨水噴霧。

使用同樣的雨水磨墨，在已經乾了的和紙和紅布上寫下左圖的文字，同時唸六遍藥師如來真言（參照書末）。

用寫好的和紙符咒包住一個松塔、紅布符咒則包住另一個松塔，然後將前者放在自己放內衣褲的抽屜裡。

其次用手握住紅布，輕敲腰、下腹部等部位。敲打次數需配合自己的年齡，一天分早、午、晚三次各敲一遍。

通常只要持續進行二十一天即可，他也可以一直持續到完全痊癒為止。

完全治療以後，將和紙燒成灰，用水沖走。紅布則埋在土中或放入河中，隨著河水漂走。

因無法完全治癒之婦女病感到煩惱者使用的咒法

密教開運咒法・其50

欲擺脫白帶煩惱的女性所使用的咒法

白帶較多往往令女性無法釋懷。因為，這很可能是由於某種婦女病所引起的。

上了年紀的女性，對於哪些情況需要擔心，哪些情況不需要擔心？心裡多半有個譜兒。但是年輕女性，尤其是十幾歲的小女生，對自己的身體還有很多不瞭解的部分，因此很容易產生不安。再加上害羞，即使懷疑可能是異常現象，也鼓不起勇氣到婦科接受檢查或對他人啟齒。

就算不是疾病，還是有很多女性為白帶太多感到煩惱。這個咒法，主要就是供這些女性使用的。

首先準備二張紅色的和紙（半紙大），然後用清酒噴霧，乾了以後摺成四摺。

接著，用凌晨二點汲取的水或從附近寺廟取來的井水磨墨。

以磨好的墨在兩張和紙的四分之一處寫下左圖的文字。

攤開摺成四摺的符咒，兩張重疊好包住事先準備好的松葉（需配合自己的年齡數），並用白線綁緊，置於放內褲的衣櫥裡二十一天。

在第二十二天取出符咒燒成灰燼。如果在此之前白帶仍未停止，則將灰用白紙包住，每天一次貼在局部，直到白帶消失為止。白帶停止後，將白紙燒掉，與符咒灰燼一起用水沖走。

欲擺脫白帶煩惱的女性所使用的咒法

密教開運咒法・其51

欲擺脫生理不順煩惱的女性所使用的咒法

我想，絕大部分的女性都有個生理不順而感到煩惱的經驗。

女性的身體極為敏感，只要有一點點不對勁，立刻就會以生理不順的形式表現出來。例如，精神受到打擊時，月經周期就會變得紊亂或停止。稍微生點小病，月經就會變得不正常。因此，生理是否順暢，可以作為女性健康的指標。

值得注意的是，神經質也可能導致生理不順。當女人為生理不順或月經不來而煩惱時，有些男性卻幸災樂禍似地表示：沒有的話，女人不是更輕鬆嗎？

前往婦科接受檢查的年輕女性，大半是由於生理不順才來看醫生的。由此可知，生理不順確定是所有女性共同的煩惱。想到以後終將為人母，女性對這種荷爾蒙失調的現象，也就更加煩惱了。

施行此一咒法能使精神保持穩定，從而使生理不順的現象獲得改善。

其方法是用茶對著一張和紙（半紙大）噴霧。待其充分乾燥以後，再用以茶磨成的墨汁寫下左圖的文字。若能同時唸六遍自己的守護靈真言（請參照書末），可使效果加倍。

用寫好的符咒包住三片百合花瓣，置於放自己內衣褲的櫃子裡七天。這些內衣褲會沾有百合花的香氣，不過不必在意。

在第八天將符咒燒掉，每天一次用灰燼塗抹下腹部，需連續塗抹三天。如此即可使生理周期保持穩定，不會再覺得焦躁了。

欲擺脫生理不順煩惱的女性所使用的咒法

密教開運咒法・其52

使母親乳汁分泌順暢的咒法

近來很多年輕媽媽以擔心身材改變為由，寧願採用人工授乳方式而不肯親自哺乳。以前，這是媽媽連想都沒有想過的問題。幾十年前不像現在有許多品質優良的奶粉，因此母親若是不能分泌乳汁，將會危及孩子的性命。

除非找個奶水充足的婦女充當乳母，否則孩子勢必會活活餓死。但就算母親無法自行分泌乳汁，還是會把孩子抱在胸前哺乳，藉此建立親密的親子關係。

儘管採用人工授乳方式的女性愈來愈多，但是仍有許多女性堅持親自哺乳。諷刺的是，並不是每個想要親自哺乳的女性，都能順暢地分泌乳汁。

有些女性接受各種科學治療，卻仍無法順利分泌乳汁，不得已只好用牛奶來哺育孩子。有這種困擾的女性們請先不要放棄，因為下面的咒法將可使乳汁分泌順暢。

首先準備一張白色的和紙（半紙大）。在碗中加入水，然後將乳頭浸泡其中形成「乳水」，並用乳水對著和紙噴霧。

用乾了的和紙仔細揉搓左右乳房後，以乳水磨墨，在和紙的中央部分大大地寫下左圖的文字。

在寫好的符咒前焚香，然後將其燒成灰燼。

一天一次將灰塗在左右乳房上。如此經過數日，就能順利地分泌出母乳了。

使母親乳汁分泌順暢的咒法

密教開運咒法・其53

治療乳房腫脹物的咒法

據說只有女性才會罹患的癌症，有乳癌和子宮癌二種。癌症固然可怕，但是只要定期檢查、早期發現，治癒率還是相當高的。另外，也可以利用手術方式將其治癒。

「癌」的確令人聞之色變，但只有遭受癌症侵襲的患者，才能真正領會箇中的滋味。畢竟，癌症是一種會讓人意識到死亡的疾病，知道自己罹患癌症的人，心情當然會發生動搖。

下面所要介紹的，並非治療癌症的方法，而是適合乳房因不明原因出現非疾病性腫脹物的人使用的咒法。

首先準備二張紅色和紙，焚香後各用一張和紙輕輕摩擦左右乳房。

其次，收集積存在樹葉上的露水，打濕和紙後，再次輕輕摩擦出現腫脹物的乳房，並在紙上以清酒潰灑。

以凌晨二點取來的水磨墨，然後在和紙上寫下左圖的文字。

將寫好的符咒摺成四摺，貼在所睡房內的高處（南側）十四天。

到了第十五天，再次用符咒輕輕摩擦乳房，然後燒掉。

這裡有一個非常重要的步驟，那就是要將摩擦有腫脹物的乳房的那張符咒化為灰燼磨成粉，塗抹在出現腫脹物的乳房上。至於另一張符咒燒成的灰燼，則用水沖掉。

治療乳房腫脹物的咒法

密教開運咒法・其54

治療痔瘡的咒法

近來考生罹患「痔瘡」的比例，有日漸增加的趨勢。究其原因，主要是因為他們一天當中大部分的時間都是坐著。

這可以說是由於升學競爭所引起的現代病之一。

不過，「痔瘡」並不是什麽罕見的疾病，而是很多人都有的煩惱。尤其是從事事務性工作的人，例如作者、文書人員等，更容易罹患「痔瘡」。總之，因工作性質或學生身分而必須長時間坐著的人，罹患「痔瘡」的機率遠比一般人還高。

由於發生在隱私部位，因此很難治療。特別是女性患者，往往因為害羞而不敢到醫院接受治療。

想要自行治療痔瘡的人，不妨試試以下的咒法。

首先準備一張白色和紙、一條全新手帕及二片沾過露水的八角金盤葉。

在手帕及和紙上各放一片八角金盤葉，然後擱置一晝夜。

用稀釋的鹽水在和紙與手帕中央寫下左圖的文字，再次鋪上八角金盤葉擱置一晝夜。

於翌日晚上將和紙燒成灰燼，再用手帕包住。

每天三次分早、午、晚用包有灰燼的手帕抵住患部數分鐘。待痔瘡痊癒後，將灰燼連同手帕一起埋入土中。

治療痔瘡的咒法

密教開運咒法・其55

治療癲癎的咒法

要怎麼樣才能治好癲癎呢？曾有二、三個人問我這個問題。遺憾的是，癲癎似乎很難治好。

與內臟疾病不同，不是靜養就能治好，此外患病時間通常拖得很長，是非常麻煩的疾病。

癲癎患者平時過著和正常人一樣的生活，只是隨時隨地都可能發作。最令人感到擔心的是，萬一發作時家人不在身邊，或是在街上突然倒下……那後果真是不堪設想。

如果患者是少女，由於關係到未來嫁人的問題，因此父母的擔心又多了一層。為免影響子女日後的婚姻大事，癲癎患者的父母多半希望在不為人知的情況下，早日將癲癎治好。

為癲癎所苦的人，不妨試試以下的咒法。

取白、紅色和紙各一張，摺成六摺後讓病人含著數分鐘。其次攤開和紙，在其上放置二片水仙花瓣宛如夾住一般。

將和紙連同水仙花瓣放在房內高處經過兩晝夜。

接著用稀釋的鹽水磨墨，並沾墨在紅、白和紙的中央部分寫下左圖的文字。如果病人無法親自書寫，由身邊的人代寫也無妨。

將寫好的符咒摺成六摺，讓病人貼身攜帶二十一天。

在第二十二天燒掉符咒，將灰燼放入用黑布製成的袋子裡讓病人隨身攜帶。

治療癲癇的咒法

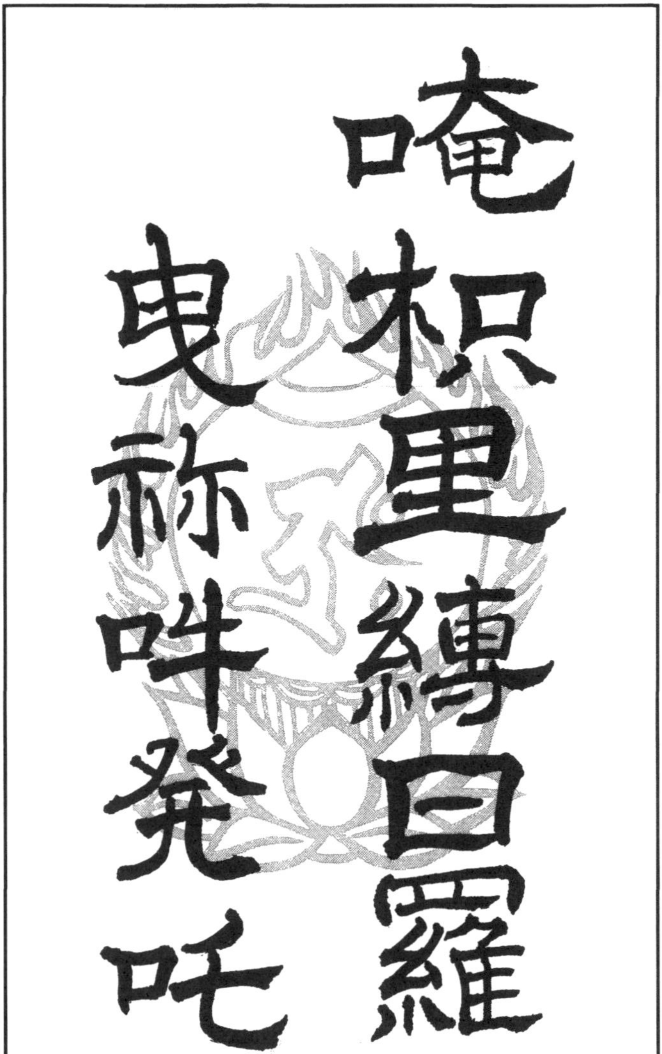

密教開運咒法・其56

希望長壽者所使用的咒法

日本鹿兒島縣德之島的一位人瑞，是金氏世界記錄所認可的世界第一長壽者。其保持長壽的秘訣，在於「不憂慮、吃飯只吃八分飽、少量飲酒、不抽菸」。這個所謂的秘訣，乍看之下並沒有任何特別之處，不外是生活要有所節制而已。

但是，即使過著完全相同的生活，也會因周圍的環境或與生俱來體力較差等因素，而無法成為百歲人瑞。

由於沒有決定性的長壽方法，因此人類自古以來就為了保持長壽而作各種嘗試與努力。

這個咒法也是其中的一種。

準備三張和紙（半紙大），一張經過焚香，一張用清酒噴霧，剩下的一張則用鹽水噴霧。

用泉水磨墨，在三張和紙上仔細寫下左圖的文字。

將相當於自己年齡數的松葉放在酒中浸泡一晝夜，然後分成三等分，各自加上自己的一根頭髮，再用先前寫好的符咒包住。

包好後用紅線緊緊綁住，放在房內高處，一連三個月供奉清酒及鹽、水。另外，祭祀日數與自己的年齡相同也可以。

祭祀結束後，將符咒燒成灰，把灰裝在布袋中隨身攜帶。

希望長壽者所使用的咒法

第六章

使人際關係和諧的密教咒法

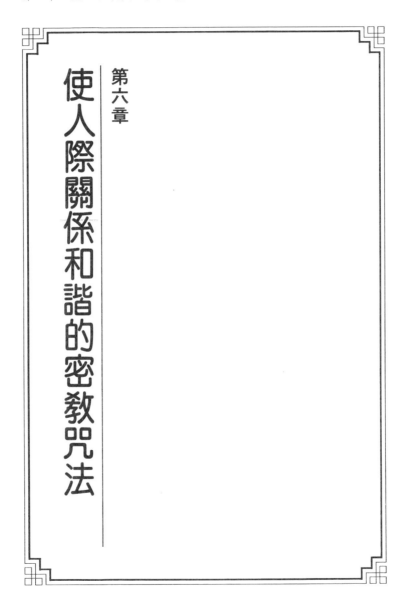

密教開運咒法・其57

實現願望的咒法

每年到了正月，即使是無神論者，也會去參拜神佛。

從電視報導當中，可以看到各大寺廟都擠滿了人群。善男信女們跪在佛前頂禮膜拜，祈求神佛賜福，臉上的表情顯得十分安詳。

有些人或許一年只到廟裡參拜一次，不過他們還是祈求願望能夠實現。

願望的內容會因年齡、職業、性別而有所不同，然而每個人都擁有願望，並且希望願望能夠實現的心情卻是一致的。有些願望可能大到根本無法實現，有的則是祈求家人平安健康，姑且不論願望為何，只要擁有願望，就能驅使人們展現積極的生活態度，這點才是最重要的。

當然，如果願望真能實現，那就更棒了。希望這個促使願望實現的咒法，也能對你有所幫助。

準備一張白色和紙及二片自己最喜歡花朵的花瓣。將花瓣夾在和紙之間，對摺後擱置一晝夜。

翌日對著和紙焚香。將二片花瓣放入凌晨二點取來的水中，用這水磨墨後，在先前的和紙上寫下左圖的文字。

寫好的符咒再次焚香，然後摺成八摺隨身攜帶。

一旦願望達成以後，便將符咒燒成灰燼用水沖走。

密教開運咒法・其58

使強烈願望實現的咒法

不論男女，只要施行此一咒法，都可以使強烈的願望的實現。

有目標、有目的，且朝著目標前進的人，才能活得生氣蓬勃。當然，本身的努力也是使願望實現的重要因素，而這個咒法則具有催化的功效。

首先，準備二張和紙（半紙大），焚香後以清酒對著和紙噴霧。

使用以清酒三、水七的比例調成的液體磨墨，並在二張和紙上寫下左圖的文字。

這時最重要的是，不要讓任何人看見一直唸著心中的願望。

取一張符摺成四摺，用白紙包住後貼在所睡房間的南側高處。

另一張則摺成八摺，女性的話放在皮包裡，男性的話放在公事包裡隨身攜帶。

在願望實現以後，將二張符咒灑上清酒點火燒掉。至於灰燼，則撒上鹽用水沖掉。

如果願望與異性問題有關，則必須注意以下的細節。

灰燼不可全部用水沖掉，留一部分用白紙包住。

經常隨身攜帶可使效力持續，同時願望也能長久持續下去。

使強烈願望實現的咒法

密教開運咒法・其59

使男性實現大志的咒法

年輕人應該胸懷大志——打從孩提時代，父母就不斷灌輸我們這種觀念。事實上，與時代、年齡無關，凡是男性都應該胸懷大志。

所謂的「大志」，可能與工作、興趣有關，也可能與女性有關，可說是包羅萬象。其中有些「大志」終歸只是夢想而已，永遠沒有實現的一天。

希望志向、夢想實現的人，可以積極地採用這個咒法。而在施行咒法之時，一定要具備使願望實現的堅定信念。

首先準備好相當於自己年齡數的半紙，焚香後在三分之二的半紙上寫下般若心經。

抄寫經文所使用的墨汁，必須以從神佛或寺廟中求來的聖水研磨而成。

將抄有經文的半紙置於佛壇前供水，並且唸一〇八遍般若心經。若家中沒有佛壇，則儘可能將半紙置於房內高處。

另外，在半紙上剩下的三分之一空白部分，寫下左圖的文字。

寫好符咒後，用紅線串連五個部位（中央及上下左右），然後置於佛壇或高處，持續六十天每天供水，同時在心裡想著希望實現的願望加以祭祀。一旦願望實現，就可以將符咒燒成灰燼，用酒和水沖掉。

使男性實現大志的咒法

密教開運咒法・其60

順利通過公司招考的咒法

部分剛踏出校園的學生，必須通過競爭激烈的公司招考，才能進入公司工作。

這是適合那些剛出校門，沒有任何社會背景，希望順利通過公司招考的社會新鮮人施行的咒法。

當然，要想順利通過公司招考，最重要的還是本身的實力，但有時運氣也很重要。除了實力以外，如果還具備「好運」，那就更加相得益彰了。這個咒法的目的，就是增強你的「好運」。不過我要特別強調一點，並不是施行這個咒法以後，不必努力發揮實力就能達成願望。

咒法要從參加公司招考之前十四天開始施行，而第十五天即為應試日期。

準備好相當於自己年齡數的和紙（半紙），全部摺成四摺。然後親自用磨好的墨，在摺成四摺的四分之一紙上寫下左圖的文字。

既然和紙數目與年齡相當，當然填入的文字數目也與年齡一致。例如，假設當事人的年齡為二十二歲，則必須在準備的二十二張紙上書寫二十二遍文字。

將寫好的符咒全部疊成一束，在正中央部份用紅線牢牢綁住。綁好的符咒在夜露中擱置一晚，然後燒成灰燼，用白布包好隨身攜帶十四天。

應試當天也要把灰帶在身上，並且很有自信地參加考試。通過招考以後，將灰溶於清酒中用水沖掉即可。

順利通過公司招考的咒法

密教開運咒法・其61

進入理想公司工作的咒法

雖然要找一份理想的工作很難，但如果不挑公司，相信每一個人都能找到工作。問題是，不考慮適不適合的問題，任何職務都願意屈就的人，真可謂鳳毛麟爪。畢竟，工作並不單單只是為了糊口而已，同時也是了滿足自己的成就感。

一旦進入自己不喜歡的公司，勢必無法全心投入於工作中，最後只有選擇跳槽一途。

對於會對一生造成重大影響的就業，一定要抱持堅定的信念，仔細挑選。

下面所要介紹的，就是能夠幫助你進入理想企業的咒法。

準備三張紅色和紙（半紙大）及一根小松枝。

首先對著和紙焚香，其次用以酒三、鹽二、水五的比例調成的液體對和紙噴霧。並且用同樣的液體磨墨，在和紙中央部分寫下左圖的文字。

將寫好的符咒一張張疊好，捲上小松枝後，用紅線將上、中、下三個部位綁緊。

接著將其置於所睡房間的高處（南側）十四天。在這期間，必須斷絕自己最熱愛的嗜好之一。

在第十五天燒掉符咒，把灰燼磨成粉。然後把灰帶到希望進入工作的公司門口，趁沒有人看見的時候把灰撒在那兒。

撒灰的同時，要唸六遍自己的守護靈真言。

進入理想公司工作的咒法

密教開運咒法・其62

女性希望進入公司工作所使用的咒法

隨著女權意識抬頭，希望外出工作的女性有愈來愈多的趨勢。其結果之一，就是所謂的女強人不斷增加。

除了少部分想要成為設計師或研究者等，必須具備特殊技能的行業以外，大部分女性只希望待在一般公司裡當個平凡的上班族。而她們的願望是否能夠實現，關鍵就在於公司的選擇。

女性對此當然也十分清楚，所以會積極地選擇公司。而對於自己想要進入哪一家公司工作，她們都具有明確的目標。

另一方面，有些女性打算結婚後就辭職不幹，因而在此之前，她們會想要找一份能夠充分滿足其挑戰慾的工作。在這種情況下，能夠滿足這項要求的公司，自然成為首要選擇。

想要進入某特定公司工作的女性，不妨試試這個咒法。

在此要提醒各位的是，這個咒法一旦遇上生理期就會失效，必須自行調整。

首先，將全新手帕浸泡在從附近寺廟裡取來的井水中。擱置一晚後取出，不要用手擰而任其自然乾燥。

對著乾了的手帕焚香，然後用井水磨墨，並將左圖的文字寫在手帕上。記住，這時一定要強烈地祈願。

將一根自己的頭髮包在符咒中，在參加公司的應徵時隨身攜帶。

女性希望進入公司工作所使用的咒法

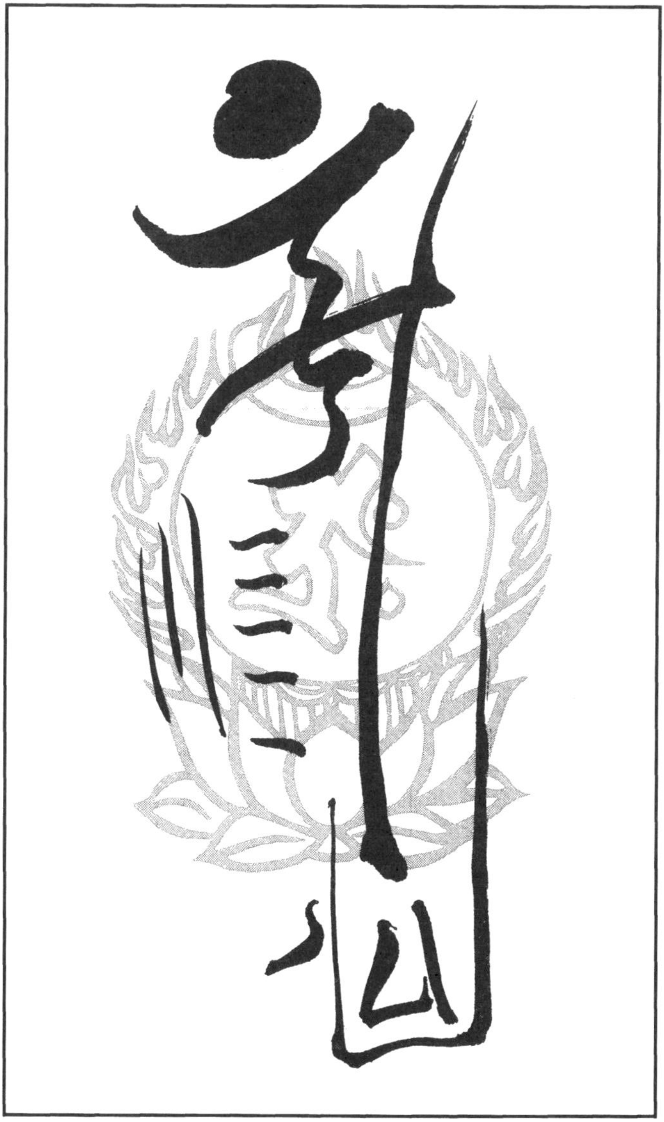

使小心謹慎者變得積極的咒法

在這個變遷迅速的競爭社會裡，最重要的是要具備強韌的力量。

尤其在工作上更是如此——相信很多人都有這種感覺。如果不能淸楚地表達自己的意見、態度或意志，恐怕立刻就會被拋在腦後。有些人雖然具有才能，卻太過小心謹慎而變得缺乏自我主張，結果無法獲得他人的認同，庸庸碌碌地過完一生……不論對個人或社會而言，都是一大損失。

由以下的例子更足以證明，在人際關係上太過小心謹慎，並不是一件好事。

住在某社區的Y太太是典型的賢妻良母，對於照顧孩子、操持家務都非常盡心盡力。但因為生性畏縮的緣故，很少與附近鄰居往來。每次召開社區會議，也不見她出席。久而久之，大家都以為她生性孤僻，難以相處，於是也不再試著和她交朋友了。

這，就是太過小心謹慎所導致的損失。反之，表現積極的人在各方面都有好處。

希望變得積極的人，可以試試這個咒法。

首先準備紅、黑、黃、白四色和紙各一張及杉木枝一根。用以酒二、鹽二、水六的比例調成的液體對著每張和紙噴霧。另外，在杉枝上也塗抹相同的液體。用調好的液體磨墨，然後逐一在和紙上寫下左圖的文字。焚香後按照紅、黑、黃、白的順序包住杉木枝，再用白線綁住，置於房內高處（西側），一天二次，每次唸三遍般若心經，共經過二十一天。在第二十二天將杉木枝連同符咒一起燒掉，灰燼置於袋中隨身攜帶。

使小心謹慎者變得積極的咒法

治療對人臉紅恐懼症的咒法

所謂對人恐懼症、臉紅恐懼症，是指面對他人會感到很不自在，甚或感覺痛苦的現象。根據調查，有此煩惱的人相當多。

雖說是「症」，卻不是藉著看醫生或吃藥就能治好的疾病，因為這是來自於一個人的精神力。

原因很多，一般以生性內向，個性拘謹的人，較容易出現這種症狀。因為性格上比較怕生或從小就很少出現在人前的緣故，長大成人後雖然不得不與他人碰面的機會增加，卻由於缺乏訓練，以致舌頭打結、面紅耳赤，無法流暢地表達自己的意見。這種情形持續出現二、三次以後，就會變得討厭與人見面，或對與他人見面產生恐懼感。類似的情形重複出現，就會形成病態的對人恐懼症。

此外，有過當衆出糗的經驗，也會導致這個結果。

靠自己的意志力克服恐懼是很重要的，而這個咒法則具有相輔相成的效果。本咒法與原因完全無關，能夠產生良好的效果。

如為女性則準備紅色和紙（半紙大），男性則準備白色和紙一張，用水和霧進行噴霧。乾了以後，用稀釋鹽水磨成的墨仔細寫下左圖的文字與畫。

寫好的符咒包住杉枝（女性）或櫻枝（男性），其上以白線綁住。之後，女性將其擱在自己房內東側的高處三個月，男性則為三十天。期滿後將符咒連同杉（櫻）枝燒成灰，置於布製的小袋中隨身攜帶。

如此一來，以後就再也不會怕生了。

治療對人臉紅恐懼症的咒法

密教開運咒法・其65

防止他人誹謗的咒法

「A啊，一點都不相信你！」

你是否曾經聽到別人在背後說你的壞話呢？能夠聽過就算了當然很好，問題是人畢竟不是聖賢，他人的誹謗或多或少會在心裡留下疙瘩。

尤其是在自己不在場時遭人誹謗，當然會覺得對方太過惡毒。這種背後的中傷，比起當面指責更令人感到不愉快。但如果因此而責備對方，則會使對方更加憎恨你。

在這種情況下，人際關係會越來越差，對雙方都沒有好處，有時甚至還會引起大問題來。

這個咒法的目的，主要是防止他人對自己的誹謗，防患與他人關係不良於未然。

首先準備兩張和紙（半紙）。小豆煮汁加水稀釋後，對著和紙進行噴霧。等到乾了以後，再用清酒噴霧。

其次用從寺廟取來的井水磨墨，在二張和紙上寫下左圖的文字。

將寫好的符咒貼在所睡房內的高處（西側）。

擱置二十一天。

在第二十二天撕下符咒燒成灰燼，用白布包好貼身帶著。如此，即可防止他人在背後中傷。

防止他人誹謗的咒法

去除他人怨恨的咒法

每個人都有其獨特的個性，因為沒有一定的基準，故而無從評定好壞。換句話說，甲眼中的好人，在乙眼中可能是個「討厭的傢伙」。總之，一個人不可能讓所有的人都喜歡。

我們每天都會遇到很多人，根據這個數字來推算，則一生當中所遇到的人恐怕會是個天文數字。面對這些人，你能全都給他們好臉色看嗎？因為這個緣故，你很可能在某個小地方招致對方的反感。

光是反應倒還無所謂，但是當反應升高為怨恨時，那就另當別論了。在知道對方怨恨自己，卻不知道究竟什麼地方招惹了對方時，可以使用這個咒法。

首先準備八張和紙。在和紙灑上酒，然後再用清酒噴霧。將每一張和紙縱摺四摺，接著調整鹽水用來磨墨，並在紙的四分之一處寫下左圖的文字。

將寫好的符咒攤開重疊在一起，於中央、上、下、左、右五處穿洞，每一個洞都插上一片松葉。

將符咒置於房間高處（西側）二十一天，同時在心裡祈求去除怨恨。

在第二十二天將符咒燒成灰，裝入布袋（紙袋亦可）中隨身攜帶。如果可能，最好使用紅布做成的袋子。

去除他人怨恨的咒法

密教開運咒法・其67

斬斷惡緣的咒法

人一旦開始過社會生活，自然就會形成人際關係。如果只有好的人際關係那當然很好，問題是在人與人交往的過程中，多多少少會產生一些勃谿。

舉凡夫妻、親子、兄弟、姐妹、同事等，都是人際關係的一種。站在個人的立場，當然希望這個人際關係都能維持和諧，但不可否認地，的確也有惡緣存在。萬一無法斬斷惡緣，很可能從此過著不幸的一生。

為惡緣所苦的人，只要抱持堅定的意念施行這個咒法，即可收到良好的效果。在此之前，各位必須瞭解的是，這個咒法並非為了用來威脅你所要的斬斷緣分的對象。

準備一張半紙，趁深夜無人的時候用墨寫下左圖的符咒。一定要用親自磨好的墨來寫才行。事實上，在你動手磨墨的那一瞬間，咒法就已經開始了。

將寫好的符咒折成八折貼身攜帶。從開始到斬斷惡緣為止，大約需要三個月的時間。

在這段時間裡面，每天都要用手觸摸符咒，衷心祈求斬斷惡緣，同時還要唸自己的守護靈真言。

順利斬斷惡緣以後，即將符咒燒成灰，用水溶解後倒入河中。

另外，在焚燒之前，不要忘了對符咒表達感謝之意。

斬斷惡緣的咒法

密教開運咒法・其68

找到離家出走者的咒法

在茫茫人海中，要找到離家出走的下落是很困難的。不管當事人是為了什麼原因離家出走，都會令家人心痛不已。在擔憂、悲傷之餘，家人一定會集中全部心力到處追查，希望離家出走的人能夠平安無事歸來。

實在找不到時，家屬多半會轉而向警方求助。不過，失踪人口實在太多了，警察根本不可能集中全力幫忙找人。

如果請私家偵探則所費不貲，在人還沒找到之前，恐怕就要宣佈破產了。

而考慮到當事人日後還要在社會立足，因此也不能在報上刊登尋人啟事。

那麼，到底應該怎麼辦才好呢？

下面所要介紹的，是一個能讓離家出走者自動出現，自行歸來的咒法。

首先，將與離家出走者年紀相當的黑豆數放在鍋中煮開，然後將煮汁稀釋，對著二張白色的和紙噴霧。

用同樣的汁再稀釋後磨墨，在各張和紙上寫下左圖的文字。

待先前的黑豆充分乾燥後分成二等分，以寫好的符咒包好，再用黑線綁住。

取其中一包符咒掛在離家出走者所睡房間的高處（南側），另一包則掛在廚房的高處（北側）。

相信不必多久，離家出走者就會主動和家人聯絡或回來了。一旦有了結果，便將二包符咒一起埋入土中。

找到離家出走者的咒法

密教開運咒法・其69

使離家出走者停下腳步的咒法

所謂的「離家出走」，包含各種不同的情形。

有的人是為了完成志向而不得不離家出走。如果是屬於這種情形，那麼他們終究還會回到家人的身邊……由於當事人也抱持著這種想法，因而會定期與家人保持連絡。

再來就是年輕人為了細故而負氣離家。在多愁善感、叛逆性強的青少年時期，經常會發生這種情形。這類孩子大多缺乏準確的判斷力，容易受人引誘，因此離家出走對他們來說是非常危險的。

另外一種就是蓄意捨棄家人而造成的「失踪」。有些人像平常一樣地外出上學、上班，可是卻再也沒有回來了。盼不到親人回來的家屬，只覺得腦中一片茫然，完全不知道這是怎麼回事。但事實上，這多半是由於平常的不滿累積下來的結果。

為免離家出走者跑得太遠，最重要的是趕緊停下他們的腳步。這就是下面所介紹咒法的目的。

取一件離家出走者所擁有的物品——手帕、泳衣或其它東西都可以——浸泡在稀釋的鹽水中，然後使其自然乾燥（不可擰乾）。其次用凌晨二點取來的水磨墨，在該物件上寫下左圖的文字。將寫好的符咒包住新買的黃楊木梳，儘可能置於靠近玄關口的房間（西側）。

等到離家出走者回來以後，即可取下符咒撒鹽後埋入土中。

使離家出走者停下腳步的咒法

第七章
避開不幸或災難的密教咒法

密教開運咒法‧其70

消除不幸的咒法

做什麼事都不順，老是遇到倒楣的事情……有的人會有這種情形出現。

並不是抱持什麼與自己身分不符的希望，只不過是一些任何人都不會覺得奇怪的「小小願望」而已，為什麼卻無法實現呢？難道，擁有希望也是一種罪惡嗎？……這世上有很多人都抱持相同的不平。

不過千萬不要這麼想，因為這會使你完全喪失幹勁。

「回顧以往，從出生到現在，我幾乎沒有做對過一件事，每件事都遭到失敗的命運。看樣子，幸運之神已經完全放棄我了。」

有這種感嘆的人，我建議你使用本咒法。透過它，你會發現自己並未被神佛放棄。

或許很難找到，不過還是要準備一片平板杉木（寬十公分，長三十公分），並且在其兩面貼上美人蕉。

對著平板杉木噴灑以清酒四、水四、鹽二的比例調成的液體，然後使其充分乾燥，如此重複三次。

其次用同樣的水磨墨，仔細在平板上寫下左圖的文字。

將寫好的平板面朝內掛在所睡房內的高處（西側）二十一天。

在第二十二天將平板燒成灰，磨成細粉撒上鹽後用紅布包著，埋入家中庭院或山間的土中。

這樣就可以使不幸消失了。

消除不幸的咒法

密教開運咒法・其71

破除衰運的咒法

有的人打從出生開始，不論做什麼事情都無法順利完成。

並不是完全沒有好運。機會也曾好幾次前來叩門，但是當想要抓住時，卻鬼使神差地失之交臂。

明明擁有實力，也比別人更加努力，可是成就卻不如他人，難道自己真的這麼沒有用嗎？……切記，你愈是這麼想，愈容易把自己逼進一個沒有迴旋空間的死胡同裡。

所謂人生不如意事十有八九，有誰真的能事事心想事成呢？不管是誰，或多或少都曾遭遇過失敗，只是有的人不會將其表面化，瞞著人悄悄地加以處理而已。大概是因為對自己的失敗感受特別深刻的緣故吧？很多人都覺得自己所遭遇的失敗似乎比他人更多。對於有此想法的人，我建議他們使用以下這個具有破除衰運效果的咒法。

首先準備一張白色的和紙（半紙大），然後到河邊拾五顆大小一致的圓形白石。

用以酒三、鹽二、水五的比例調成的液體，對著和紙噴霧。另外，五顆石頭也必須沾相同的液體，並且用這個液體來磨墨。

仔細在和紙上寫下左圖的文字，然後用寫好的符咒包住石頭，置於所睡房間的高處（北側）二十一天。

到了第二十二天將符咒燒成灰，連同石頭一起帶到當初撿拾的河邊去，丟入水中順水漂走。

破除衰運的咒法

密教開運咒法・其72

破除意外災難的咒法

所謂天有不測風雲，人類誰也不知道什麼時候會有災難降臨。

即使走在路上，也可能會發生意外事故——每個人都應該具有這種覺悟。多年前一個賣肉粽的小販被跳樓自殺的人壓死，不就是最好的證明嗎?由此可知，不管平常再怎麼小心，災難還是可能降臨在你的身上。

明明已經關好瓦斯正準備上床睡覺，卻突然砰地一聲發生瓦斯爆炸的例子處處可見。

不過，千萬不可認為這是天意而放任不管。在平常就必須藉著這個咒法保護自己免於災難。

欲去除家人或個人的災難時，都可以使用這個咒法。

欲去除家人的災難時，需準備四張和紙（半紙大），去除個人災難則只需一張和紙。

對著和紙焚香後，用茶（高級茶較好）進行噴霧，然後放在那兒等它變乾。另外用以茶三、清酒二、水五的比例調成的液體磨墨，在和紙上寫下左圖的文字（欲去除家人的災難時，必須四張都寫）。

其次將符咒貼在位於全家中心位置或中心人物所住房間的四角（高處）二十一天。

如為個人，則貼在自己所睡房間的南側（高處）二十一天。

到了第二十二天將符咒燒成灰，若是以全家人為對象，則把灰撒在住家四周。如為個人，則用白紙包住貼身攜帶。

破除意外災難的咒法

密教開運咒法・其73

防患火災於未然的咒法

據說這個世界上最可怕的四件事情，就是「地震、雷殛、火災、老爹」。觀察現今社會情況，為什麼要將老爹也列入其中，我不得而知，但是其餘三者確實十分可怕。

地震、雷殛屬於天災，根本無從防起。尤其是地震，不僅受害範圍極廣、容易造成重大傷亡，而且很難準確預知，一般人對它根本無計可施。相較之下，遭雷殛的人雖然可能當場死亡，但是受害範圍畢竟有限，同時也有辦法躲避。

至於「火災」，則是屬於人禍。發生火災的原因，不外是抽菸、玩火、縱火及人為疏失。反過來說，這是只要多加小心就可以避免的災害。使用這個咒法，可以使你免於失去骨肉至親、財產付諸一炬的悲慘遭遇。

首先，準備一張紅色的和紙（半紙大）及一根小松枝。

在井水中加入鹽，擱置一晝夜後，用鹽水對和紙和小松枝噴霧。

用相同的鹽水磨墨，然後在和紙上寫下左圖的文字。

其次，用小松枝對住家東西南北土地各戳三次，接著將小松枝對折捲在符咒中，再以紅線綁住。

將符咒吊在位於住家中心位置的房間的高處（南側）。

防患火災於未然的咒法

密教開運咒法・其74

防患盜竊於未然的咒法

過去民風淳樸，人與人之間不會懷戒心，也不會存著害人之心，因此不論是外出或晚上睡覺，都可以不用上鎖。

而今，「夜不閉戶」早已成為歷史名詞。別說是晚上，甚至連白天也要大門緊閉，才能保障居家安全。觸目可見的鐵窗、鐵門，在在告訴我們昔日的善良風俗已經蕩然無存了。

而犯罪手法的日趨暴戾，更是令人怵目驚心。如果盜賊只是偷取財物那倒還好，問題是他們常常在搶了錢之後還要殺人滅口。居住在這樣的社會裡，叫我們如何不感到害怕呢？

為了防止盜竊，除了平時就要小心門戶以外，也可以施行這個咒法。

對那些就算鎖上門窗，還是無法安心的神經質人士來說，這是一個非常適用的咒法。

首先準備二張白色和紙及二顆枇杷籽。取雨水加入少許清酒和鹽，然後再放入二顆枇杷籽浸泡一夜。用相同的水磨墨後，在二張和紙上寫下左圖的文字。

寫好的符咒各自包住一顆枇杷籽，其上用黑線綁住。

只要將其吊在廚房或玄關不引人注目的高處，即可防患盜竊於未然。

防患盜竊於未然的咒法

保護自身不受街頭之狠騷擾的咒法

最近，報章雜誌等大眾傳播媒體，經常報導有關街頭之狠的事件。過去人們以為女性只有在夜間外出才可能遭遇危險，如今不但女性在光天化日之下也可能慘遭狠吻，甚至連小學生也成為他們施暴的對象。

除了人煙稀少的小巷以外，人行道、地下道、公車上或電梯裡，可以說只要走出家門一步，隨時都有遭歹徒襲擊的危險。如果歹徒只是要錢那還不要緊，問題是他們經常喜歡劫財劫色，令許多無辜受害的女性，一輩子活在夢魘當中。

當然，這並不表示一旦天黑以後就絕對不能外出，在有事必須外出時，這個咒法多少可以發揮保護的作用。

準備三張紅色和紙，用鹽水逐一以二次、二次、三次、六次的方式噴霧。

待和紙充分乾燥後縱摺四摺。用自己平常所用梳子的背部，在摺好的紙上輕輕敲打四次、六次、三次。

用清水磨墨，在四分之一的紙上寫下左圖的文字。每張各寫四次，合計為十二次。

將寫好的符咒放在枕下睡一晚。

翌日將符咒燒成灰，裝入親手縫製的布袋中隨身攜帶。

夜晚外出時隨身攜帶，既可保護自己免受街頭之狠攻擊，也能消除對黑暗的恐懼感。

保護自身不受街頭之狠騷擾的咒法

密教開運咒法・其76

為求旅遊安全而於出發前二十一天開始進行的咒法

出門旅遊原本應該高高興興的，但如果在中途發生意外，那可就掃興了。

有些人從好幾個月前就開始擬定計劃，努力存錢作為旅費，並且安排休假好外出旅行，詎料乘坐的巴士卻發生意外事故，以致被迫中途折返。或許這次意外很幸運地並未造成人員傷亡，但是一想到好不容易盼來的假期就此泡湯，內心難免會有一絲遺憾。

為了旅遊安全，避免因不知道在陌生的土地上會有什麼事情在等待自己而感到不安，以及防止因為鬆懈而做出輕率的舉動，對於浮動的心一定要保持警戒。

這個咒法是在決定旅行日期之後，至少要在出發前十四天，最好是在二十一天以前就開始進行。如果實施天數太少，將無法產生效果。

準備白色和紙（半紙大）三張及竹葉三片。

將從附近寺廟取來的井水與清酒混合，然後對和紙及竹葉噴霧，乾了以後再次噴霧，如此重複三次。

使用同樣的水磨墨，逐一在和紙上寫下左圖的文字。寫字的位置，是一張在右上方，一張在中央，一張在左下方。

將寫好的三張符咒各包住一片竹葉。

取一張包有竹葉的符咒，貼在要出門旅行者的房間高處（西側），一張置於佛壇，另外一張則放在包包裡由旅行者隨身攜帶。

平安無事地回來以後，即可將三張符咒燒掉，用水將灰燼沖走。

為求旅遊安全而於出發前二十一天開始進行的咒法

密教開運咒法・其77

祈求旅行平安的咒法（每天祈禱一次）

每年到了旅遊旺季，國內外各個觀光勝地都可以看到大批旅遊人潮。

以國內的情況來說，一碰到連續假期，火車站和機場就擠滿了旅客。

近年來海外旅遊的費用大幅降低，因此出國觀光成了人們的最愛。

但是，旅遊經常都會伴隨著意想不到的危險。尤其是抱持著掉以輕心的態度出外旅遊，更容易招致不可預料的危險。

就算出門旅行的人並不在意，但是家人卻會為他的安危感到擔心。

這個咒法能夠去除不安、保佑旅行平安無事。

首先，準備二張和紙（半紙大），用酒噴霧後使其充分乾燥。

用以清酒二、水八的比例調成的液體磨墨，然後在二張和紙中央大大寫下左圖的文字。

在其中一張符咒放入二根旅行者的頭髮，將符咒摺成八摺。另一張符咒則放入家人（妻子或丈夫）的頭髮，並摺成六摺。

摺成六摺的符咒，由旅行者隨身攜帶，摺成八摺的符咒則留在家中祭祀。

祭祀的方法，是將符咒貼在旅行者的房間的高處（東側），一天一次祈求旅行者平安無事。

在安平無事地歸來以後，便將二張符咒燒成灰，撒上鹽以後用水沖掉。

祈求旅行平安的咒法（每天祈禱一次）

密教開運咒法・其78

使女性享有安全之旅的咒法

由於交通發達，住宿設施充實，現代人只要提個小包包，任何人都可以輕輕鬆鬆地出門旅遊去了。因為這個緣故，女性觀光客正急遽增加中。

翻開女性雜誌，一定可以看到和旅遊有關的報導。其中詳細介紹了當地的飯店，市肆及土產店等，因此就算妳是初次來到當地，也不會有不知從何處逛起的困擾。根據調查，很多女性都對這類旅遊報導深感興趣。

走在著名的觀光勝地，你會發現遊客當中有將近七成是女性。

可以說，近年來似乎掀起一陣女性旅遊的熱潮。

若是參加旅行團出門旅行，倒還比較令人放心。萬一是自己一個人出門旅行，那就比較危險了。尤其是年輕女性，很容易因為解放感，做出輕率的舉動或是受到外來的誘惑。為了保護自身的安全，避免做出日後感到後悔的行為，女性除了自重以外，最好在旅行前實施這個咒法。

取一條全新的手帕，焚香後在手帕上鋪上三片自己最喜愛花朵的花瓣，擱置一晝夜。

接著用以清酒三、鹽二、水五的比例調成的液體磨墨，並將左圖的文字寫在手帕上。

再次焚香，摺成四摺後塞在棉被或床邊，擱置一晚。然後將其當成符咒隨身攜帶，就能確保旅行期間平安無事了。另外，本咒法對海外旅行當然也有效。

使女性享有安全之旅的咒法

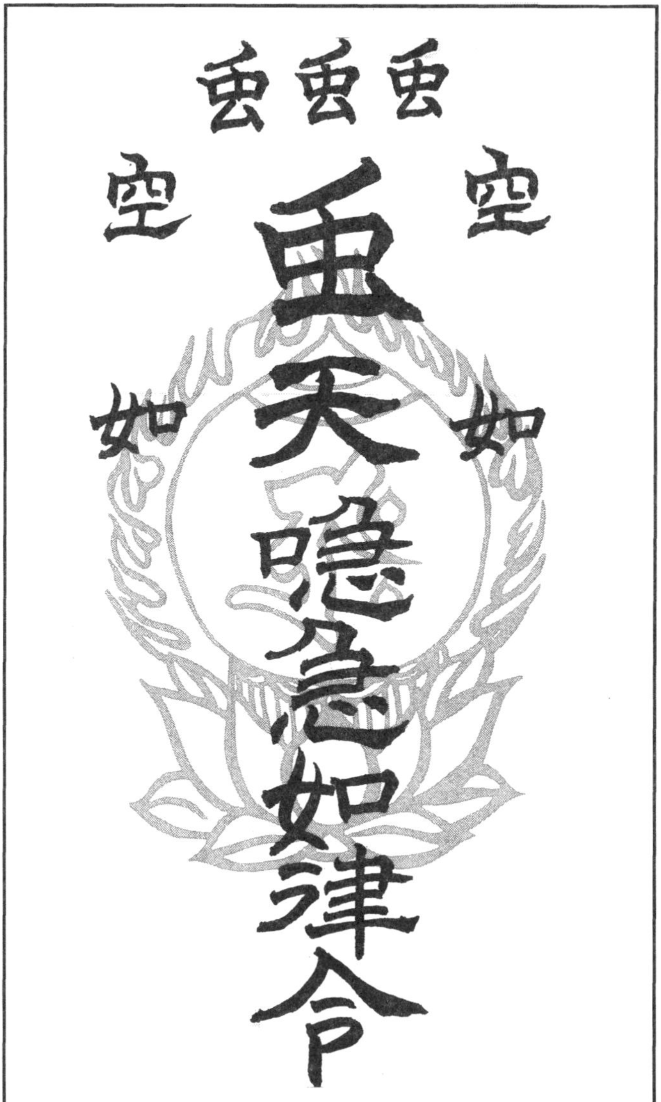

不得已必須往鬼門方向去的咒法

所謂的「鬼門」，因人而異各有不同。通常是由家中代代相傳，但也有的是因當地的風俗習慣而決定一定的地方為「鬼門」。

總之，一個地方會被指定為「鬼門」，必然有其根據。

在過去，人們會因為這個地方經常發生不好的事情，或是到那兒去會發生不幸等因素，將受到嫌忌的地方視為鬼門。

有關鬼門的說法，可能有人認為只是一種迷信而一笑置之。不過，在可能的情況下，最好還是設法避開。所謂「不怕一萬，只怕萬一」，即使發生不幸的機率只有萬分之一，也不要拿自己的性命開玩笑，故意去尋晦氣。

那麼，當有事而不得不朝鬼門方向去時，又該怎麼辦呢？

不可否認地，有些人會因為在鬼門方向什麼都不能做而感到無所適從。

這時不妨使用以下所介紹的咒法，去除自古以來就被視為禁忌的「鬼門」，從而平安無事地通過。

首先，準備一塊用杉木做成的平板（寬十五公分，長二十五公分）。

在杉木板的兩面貼上乾淨的美人蕉。

另外再用米糠在木板的兩面摩擦一百次。

用凌晨二點的水磨墨，然後仔細將左圖文字寫在板的兩面。

將寫好的符咒置於家中朝著鬼門的方向即可（符咒木板可以用釘子釘上）。

不得已必須往鬼門方向去的咒法

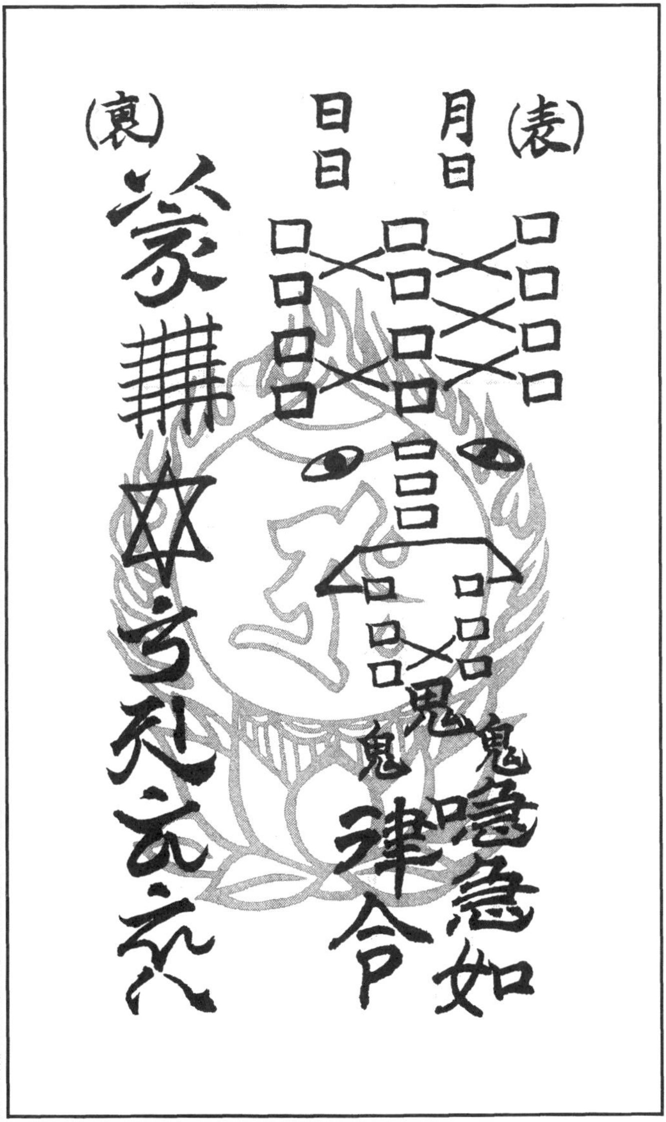

密教開運咒法・其80

改變不良方位的咒法

國人自古以來就非常重視方位的好壞。依地區不同，改變不良方位的習俗也各有差異。例如，有的人外出遇到對自家而言是不好的方向時，會特意在方向好的地方住上一宿，然後再動身前往目的地。雖然這只是一個極端的例子，但是一般人對不良方向心存忌諱的想法，卻至今未曾改變。

平常主張方位吉凶為無稽之談的人，碰到自己要蓋房子或搬家的時候，卻還是不能免俗地請來勘輿師勘察風水，以期避開不好的方位。此外，當遇到倒楣或不幸的事情時，也會開始懷疑可能是自宅的方位不好。

事實上，在到我這兒來的人當中，很多都將倒楣的原因歸咎於方位不良。既然原因在於方位不良，那麼搬家不就解決一切問題了嗎？答案看似簡單，但是並不是每個人的經濟能力都允許他這麼做，在這種情況下可以使用本咒法改正不良方位，相信一定能使運氣好轉。

準備五張和紙（半紙大）及十片自己最喜歡花朵的花瓣。

其次，用以清酒四、鹽二、水四的比例調成的液體磨墨，逐一在五張和紙上仔細寫下左圖的文字。若能在書寫同時唸著自己的守護靈真言（真言部分請參照書末），則效果更好。

在每一張符咒中放入二片花瓣，然後用黑線包住開口處。將包好的符咒貼在房間的四角高處，剩下的一包則置於佛壇前祭祀。萬一家中沒有佛壇，則貼在玄關口的高處。

改變不良方位的咒法

密教開運咒法・其81

去除自身鬼門之害的咒法

平常並未遭遇什麼特別不幸的事情，詎料坐車出門卻發生意外的事故。原本以為是自己不宜坐車，但是仔細回想先前搭車的過程，赫然發現在某個固定的場所或朝這個方向前進時，中途往往會發生不好的事情。

各位有過這樣的經驗嗎?這就是所謂的「鬼門」。而這裡所要談的，是只會跟著這個人的個人「鬼門」。

一旦知道自己家中代代相傳的鬼門，就可以設法將其去除。至於個人的鬼門，則很少有人知道。

即使已經在家中施行去除鬼門的咒法而感到安心，但是在個人的鬼門尚未去除以前，仍然可能發生各種意外或不幸。

因此，想要掌握自己命運的首要條件，就是儘早找出屬於個人的鬼門並予以去除。

首先，準備十二張紅色和紙及相當於自己年齡數的小紅豆。

全部和紙都必須事先焚香。

在取自附近寺廟的井水中加入少許清酒，於十二張和紙上仔細進行噴霧。

使用同樣的水磨墨，在十二張和紙的中央部分寫下左圖的文字。

小紅豆分別用十二張和紙包好，然後用黑線綁緊。

將其置於自己房間的高處(北側)即可。

等到覺得不再需要以後，便將包住小紅豆的符咒全部埋入土中。

去除自身鬼門之害的咒法

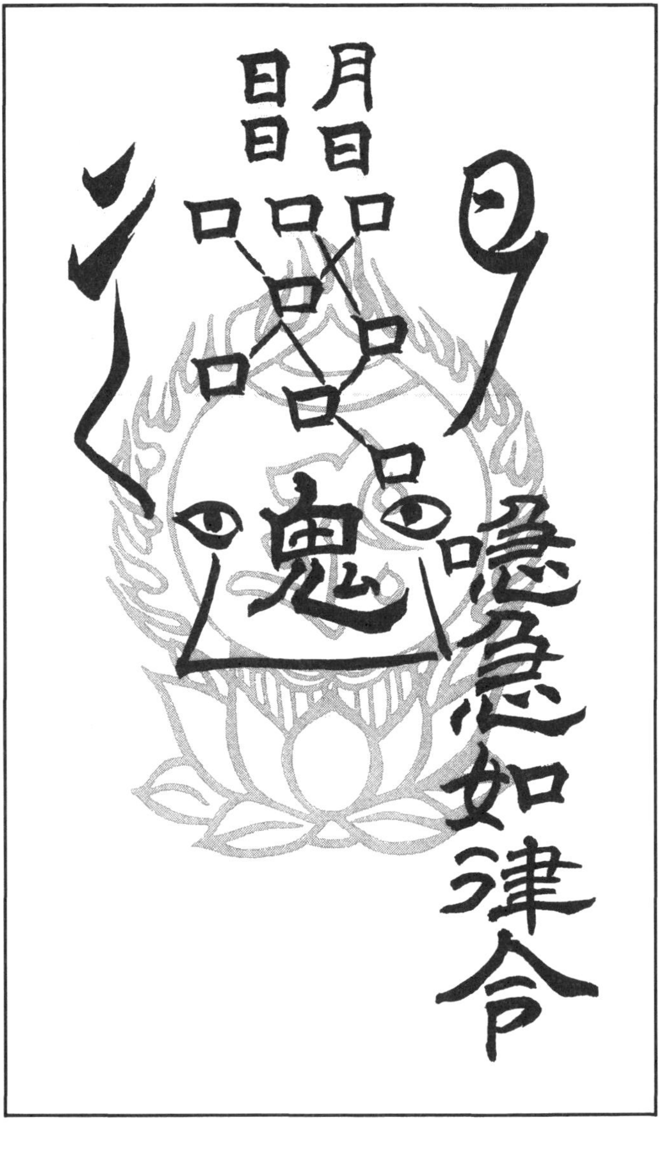

密教開運咒法・其82

封住住家或土地地縛靈的咒法

在土地價格節節上揚的現代，要想擁有一棟屬於自己的房子談何容易。而買一棟連帶土地所有權的房子，更是一般平民百姓最大的夢想。隨著都市範圍的擴大，土地價格已到了寸土寸金的地步，一般人根本買不起帶有土地的房子。

也有人好不容易買了一棟帶有土地的住家，卻接連發生不幸或倒楣的事情，困惑之餘，只好前來找我商量。

在尚未實地查靈之前，我不敢百分之百肯定，不過根據經驗判斷，我認為這片土地或建築物可能有依附的靈障地縛靈存在。

下面所要介紹的，就是封住靈障的咒法。

首先，準備好與這家家長年齡數相同的和紙，每一張都仔細地焚香以後整理成一束，吊在庭院裡的樹木上經過一晚。

其次用以清酒四、鹽二、水四的比例調成的液體磨墨，並在全部和紙上寫下左圖的文字。舉例來說，如果家中的主人翁現年四十歲，則必須寫四十張符咒。

將寫好的符咒分成二等分，以黑線串連五個位置（中央及上、下、左、右）。

串連好的符咒一份掛在左天花板，另外一份置於地上二十一天。在第二十二天取出燒成灰燼，撒在住家周圍。必須注意的是，這個咒法一定要由家長親自進行才能產生效果。

封住住家或土地地縛靈的咒法

密教開運咒法・其83

去除作祟的咒法（男性用）

談到「作祟」，多半都不知道起因為何。

其徵兆包括：老是感覺身體不適，但是到醫院檢查卻並未發現異常，工作方面不管再怎麼努力也不見成效，經常遭遇一些奇怪事故及人際關係不順等等。

「作祟」出現的方式因人而異各有不同，唯一的共通之處就是原因不明。在原因不明的情況下，根本無從斷根，所以處理起來格外麻煩。

尤其是身為一家之主的男性，一旦成為作祟的對象，往往會波及全家，不幸的程度自然也就更大。

這個咒法的目的，就是去除作祟，避免目前安定的生活遭到破壞。

其方法如下：各準備一張紅色、黃色和紙及六片竹葉。

在取自寺廟的井水中加入少許清酒和鹽，然後將竹葉置於其中浸泡一晝夜。

以先前的混和液磨墨，並在二張和紙上寫下左圖的文字。

用寫好的紅色符咒包住四片竹葉、黃色符咒包住二片竹葉。將其中之一置於房間高處（南側），另外一個則放在身邊，例如置於公事包內帶著走也可以。

到了第三十六天，將二分符咒一起燒掉，灰燼磨成粉末用白紙包住隨身攜帶，這樣就不會再有「作祟」的事情發生了。

去除作祟的咒法（男性用）

密教開運咒法・其84

去除作祟的咒法（女性用）

不論是男性或女性，「作祟」的原因都不明。

在前來找我商量的人裡面，因為「作祟」而備感煩惱的例子相當多，其中又以女性占壓倒性的多數。

這並不表示女性比較容易受到作祟，而是因為他們對作祟比較敏感。一般來說，女性都不喜歡日常的變化，只要稍微有點異常，就會耿耿於懷，一直往壞的方面去想。當然，這種習慣並不是完全沒有好處。例如，妳可以因此而早期發現「作祟」，及早找出解決方法，使傷害減到最低。不過基於安全的考量，最好還是「徹底去除作祟」。

施行本咒法時，必須準備一條新手帕及六片松葉。手帕在夜露中擱置一晚，充分乾燥以後焚香。

將焚過香的手帕攤開，將六片松葉排成三個「X」印擱置一晝夜。

用凌晨二點的水磨墨，在手帕上寫下左圖的文字，同時唸六遍自己的守護靈真言（真言部分請參照書末）。

寫好的符咒再次焚香，然後包住松葉。再用凌晨二點的水對符咒噴霧，置於房內自己專用櫥櫃中三十六天。

在第三十七天將包住松葉的符咒埋入土中，或是燒掉後用水把灰燼沖入土中。

去除作祟的咒法（女性用）

密教開運咒法・其85

驅走死神的咒法

在日常生活，經常可以聽見被「死神」附身的說法。關於其真相至今不明，不過一般人多半將其當作不幸，倒楣的代名詞。

事實上，經常臉色蒼白的人的周圍，會持續發生各種不好的事情。

「那個人被死神附身了。」

在尚未找出真正的原因之前，這或許是最好的解釋吧！

通常只要知道造成不幸的原因，就能找出解決的方法，使情況獲得改變。然而被「死神」附身的人，卻不知怎麼地會有不幸的事接連發生在他身上，而且找不出任何解決的方法。在此要特別強調的是，這絕對不是因為本人素行不良所造成的。

此時最糟糕的情形，莫過於周圍的人害怕自己也被捲入「死神」所帶來的災禍中，因而相繼遠離此人。

為了避免最壞的情況出現，一定要趕緊施行這個咒法趕走「死神」。

首先，準備好相當於年齡數的和紙，並逐一在和紙上仔細寫下左圖的文字。

寫好的符咒縱摺成六摺以後捻成紙捻。

將紙捻合成一束，撒上鹽以後點火燒成灰燼，再用水澆淋使其流入土中。此外，也可將其埋入土中。

此時最重要的，是在書寫左圖的文字時，必須具備堅強的信念，讓死神找不到足以乘虛而入的縫隙（死神離去）。

驅走死神的咒法

密教開運咒法・其86

不作惡夢的咒法

夢與人類的深層心理有關。歷來有不少人以作學問的方式為其建立系統，並加以解說，其中最著名的是佛洛伊德和雨果的解夢。

撇開深奧的心理學不談，我國自古以來就有許多與夢有關的傳說。

有人說正月所作的第一個夢如果是好夢，就表示這一年將會非常順利。此外，也有人說夢到蛇即代表有發財運。

千萬不要認為這是迷信而一笑置之。因為，有的時候，夢與傳說確實配合得天衣無縫。

當然，並不是每一個夢都是好夢。事實上，因為發惡夢而備受困擾的人相當多。惡夢除了使人不安以外，也會導致無法熟睡，對健康造成傷害。

但只要採取以下的咒法，就不會再作惡夢了。

女性用四張紅色和紙，男性用四張白色和紙，另外再準備十二片竹葉。

首先對著和紙焚香（不論男女），再用井水噴霧。待其充分乾燥以後，用以井水磨成的墨汁在和紙上寫下左圖的文字。

接著每一張符咒包住三片竹葉，上、中、下三個部位用線綁住。

將符咒放在棉被的四個角，睡覺時就不會再作惡夢了。等到不再需要時，便將符咒燒成灰燼，用水沖掉即可。

不作惡夢的咒法

第八章
使自己擁有強運的密教咒法

密教開運咒法・其87

增強運氣的咒法

每個人都具備的運氣，或多或少會使你的人生產生變化。

處於相同狀況的兩個人，同樣的努力，開始同樣的事業，結果一個人相當成功，另外一個人卻落得失敗的下場。這時除了說兩人運氣好壞有別之外，似乎找不到更好的解釋。

強運有時甚至能幫你拾回一命。例如因公出差時，因事先沒有預訂機票而被迫改搭火車時，或許心中會十分懊惱。可是等到了目的地以後，才發現原先要搭的那班飛機竟然發生墜機事件。這時，你一定會暗自慶幸自己「運氣真好」……。

當然，這是比較特殊的例子。不過有些人平常不論做什麼，都只能達到某種程度為止，之後不管再怎麼努力，也會因運氣較弱而功虧一簣。希望增強運氣或百分之九十九能夠成功，剩下的百分之一必須依賴運氣的人，使用以下這個咒法極為有效。

首先，準備白、紅、黃三種顏色的色紙及三顆青梅。

每一張和紙都焚過香後，用鹽水噴霧。取雨水磨墨，在三張和紙上寫下左圖的文字。

用寫好的符咒包住青梅，然後埋在家中庭院或山上的土中。

如此，即可逐漸增強運氣。

增強運氣的咒法

密教開運咒法・其88

使生意上軌道的咒法

繼承代代相傳的老舖子，不必怎麼特別努力，依然可以生意鼎盛。但如果是要自己開創新的事業，那就非常辛苦了。

生意的規模雖小，但畢竟是自己開創的；再者每個人都想當老闆，因此愈來愈多上班族投入自己創業的行列。在開始自行經商的初期，或許是因為不習慣的緣故吧！很多人都有連續遭遇失敗的經驗。

不論生意大小、不論是誰，在從零開始的創業階段，都會對未來感到不安。在生意步上軌道之前，任誰也無法百分之百安心。

這個咒法非常適合剛開始作生意的人使用，它能滿足你生意早日上軌道的願望。不過必須在籌備階段就開始實施，否則無法產生效果。

準備七張和紙（半紙大）及四顆核桃。

在對和紙焚香的同時，還要唸六遍自己的守護靈真言（真言部分請參照書末）。

取寺廟的井水，按照井水四、清酒四、鹽二的比例調成液體，對每一張和紙噴霧。

用同樣的液體浸泡核桃兩晝夜。再用這個液體磨墨，逐一在和紙中央大大地寫下左圖的文字。

取四張符咒包住核桃，其餘三張貼在自己房間的高處（東南北側）。包有核桃的符咒，則置於西側的高處，祭祀二十一天。到了第二十二天，將核桃輾碎，和符咒一起燒成灰燼。將灰燼撒在店的周圍。至於貼在東、南、北側的符咒，則貼在那兒不必管它。

使生意上軌道的咒法

密教開運咒法・其89

使顧客增加的咒法

開店的人最大的希望，就是能有很多客人上門光顧。

尤其是餐飲店等沒有客人就沒有生意可做的行業，當天的收入往往就決定了是賺或賠。因此，生意人當然希望上門的顧客源源不絕。

如果做生意公道、東西品質又好，顧客自然會持續增加。不過在這個激烈競爭的時代，光是這麼做可能無法與同業競爭或提升業績。

為了吸引顧客的注意，宣傳是很重要的。不過最基本的條件，還是在於地理位置。

在人煙稀少的地方開店，生意當然不會很好。

當因為種種因素而無法在適當地點覓得理想的店面時，如果想要吸引顧客上門，不妨採用以下的咒法。

首先準備一張紅色和紙（半紙大），用以清酒四、鹽二、水四的比例調成的液體對和紙噴霧。

用同樣的水磨墨，在和紙上寫下左圖的文字。

寫好的符咒於焚香後摺成八摺，字面朝外貼在店門口（高處）。

不用以後，可以取下符咒燒掉，灰燼用水沖走。

使顧客增加的咒法

密教開運咒法・其90

避免在投機買賣中招致失敗的咒法

投機買賣的吸引力真可謂無遠弗屆。從有黑鑽石之稱的煤礦買賣及有紅鑽石之稱的紅豆買賣，到最近蔚為熱門話題的黃金買賣等，交易金額都非常龐大，只要押對了寶，想要一次賺上數百萬並非難事。

但是情勢也可能在一夜之間逆轉，使你在一轉眼間損失數百萬，這就是投機買賣的真實面貌。這種與「賭博」十分類似的投機行為，能使人在一夜之間大起大落，因此而致富的固然有之，更多的是因而失去了全部家產。

因從事投機買賣失敗而散盡家產，對本人和家屬來說，無疑是一項致命的打擊。

這個咒法的目的，就是防止悲劇發生。

準備二片杉木平板（寬十公分，長二十公分）。注意，平板的兩面都必須削乾淨。

在山泉水中加入少許清酒，然後將杉木平板置於其中浸泡二天。

用同樣的水磨墨，在平板的一面寫下左圖的文字。兩片都寫完以後，在其中一片塗上紅色（用口紅亦可）。

將完成的二片杉木符咒寫有文字的一面相對，用紅線牢牢綁住。

之後將其擱在自己房內的高處（東側）二十一天。

在第二十二天把符咒燒成灰，灰置於袋中隨身攜帶。如此一來，從事投機生意時就不會遭遇失敗了。

避免在投機買賣中招致失敗的咒法

召喚賭運的咒法

凡事都有個開始，任何人一旦受到賭博的魅力所吸引，就會成為賭博的俘虜而無法自拔。

說也奇怪，賭博的人多半只有在一開始時獲勝，之後就會不斷地輸錢。

當然，這並不表示賭運只有在剛開始時才偶然降臨在你身上。不過在我看來，賭博除了技術以後，和「運」也有很大的關係。

逢賭必輸，認為自己已被幸運之神放棄的人，可以採用這個咒法，藉此使賭運好轉。

準備一塊兩面都削得很乾淨的松木平板（寬十公分，長二十公分），以及一些從海邊取來的沙。

將沙放在鐵板上燒過以後，用來摩擦平板的兩面。

其次用清酒對著平板的兩面噴霧。用雨水磨墨，然後在平板上寫下左圖的文字。

將寫好符咒的平板用紅布包住，在沒有人看見時，擱置在天花板上。

經過三十二天後取出燒成灰。將灰用紅布包住隨身攜帶即可。

召喚賭運的咒法

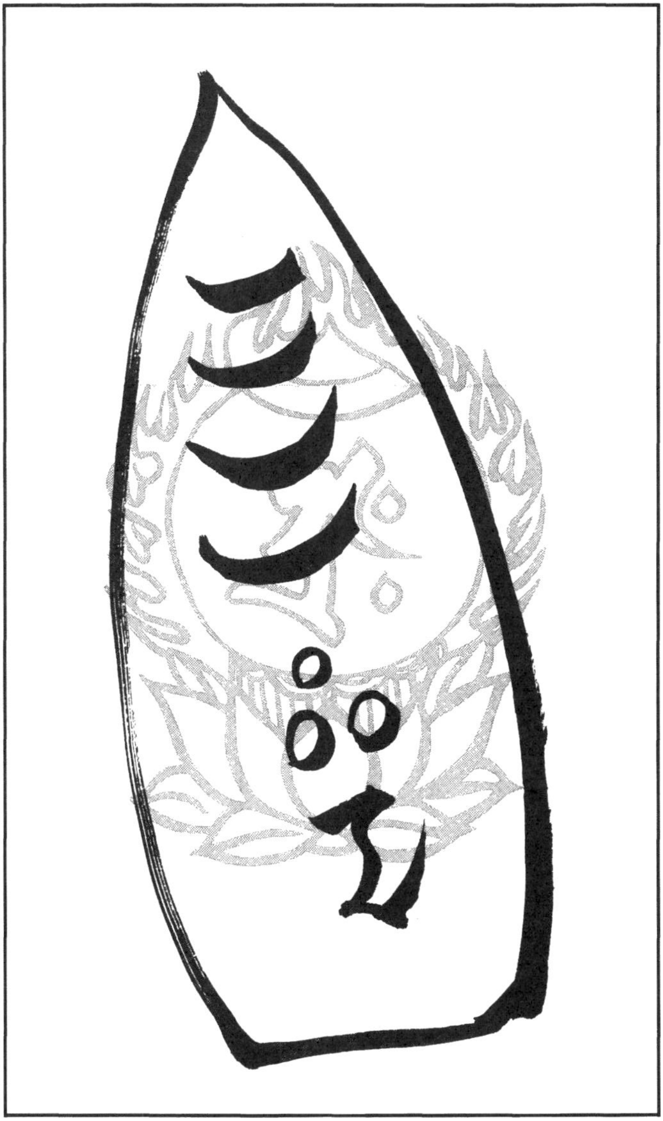

保住平均賭運的咒法

有些人只要是賭，不管是哪一種賭都非常喜歡，但是問題是有人愈輸愈不甘心，愈賭愈大而致傾家蕩產。像這種情形，似乎不能完全歸咎於沒有賭運。

這個咒法，對增強賭運而言，效果非常大。

必須注意的是，如果存有想要一攫千金的貪念，則無法產生效果。換言之，這是對增強平均運有效，而不是能夠賺大錢的咒法。

首先準備四張紅色和紙（半紙大），然後將和紙摺成四摺並撕開。切記，撕開時一定要用手，不能使用剪刀或刀子等利刃。

其次在杯中以清酒四、水六的比例調成水酒，用來磨墨。在先前已經用撕成四分之一大的紙上，寫下左圖的文字，總共要寫十六張。

寫好後取出其中一張隨身攜帶，剩下的十五張分別用白、黑、紅、白線綁住四個部位，然後貼在房間東側角落的高處，共計二十一天。

到了第二十二天將紙撕下燒成灰。灰撒上鹽後用水沖掉。

在沖掉以前，可以取一些灰用隨身攜帶的符咒包住，再繼續帶在身上。

保住平均賭運的咒法

密教開運咒法・其93

逢賭必贏的咒法

不論是打麻將或玩小鋼珠、賽馬等，賭博的花樣繁多，令人有目不暇給之感。賭博最吸引人的地方，就是結果只有二種，非勝即負。正因為目標只有一個，很容易傾注全部精力於其上，所以賭博才會使人深深著迷。尤其輸贏大多和金錢有關，想要獲勝的意念就更加強烈了。為了贏大錢，所下的賭注自然也就愈來愈大。

如果想要逢賭必贏，不妨使用以下的咒法。

但必須注意的是，這個咒法至少要在三天之前進行，不能等到要賭的當天才進行。

首先，準備一條新的白色手帕，將其浸泡在清酒中。這時，可以在清酒中加入搗碎的大豆。二小時後取出手帕，在不擰乾的情況下任其自然乾燥。

接著前往位於住處南方的寺廟取聖水（泉水或井水皆可）。對著聖水唸一百遍般若心經以後，用其磨墨。

用磨好的墨汁在手帕上寫下左圖的文字。只寫一個字也可以，但最好是寫六個字。最重要的是，不單只是祈禱賭博能夠獲勝而已，還要確信一定能夠獲勝。

賭博時把這條手帕帶在身上。不過只能使用一次，之後要將手帕燒成灰，放入河中隨水漂走。

逢賭必贏的咒法

驅除惡靈，招來強運的九字護身法

前面已經介紹過很多密教咒法，最後要為各位說明的，乃密教僧、行者等自古以來就使用的「九字護身法」。這是能夠去除災厄、招來強運的咒法。

因為是護身秘法，所以絕對不能輕率進行。

首先把手洗淨、漱口，然後朝向北方吐出體內的污氣，再朝向東方吸進乾淨的空氣。如此重複進行三次。

其次在下腹部用力，切記必須靜心進行。

準備就緒以後，在自己的守護靈像或佛壇前面如圖所示結成九個「手印」，並且唸著「九字」。

第一個「臨」字，是用手結普賢三昧耶印，並唸「臨」字。「兵」字結大金剛印、「鬪」字結外獅子印、「者」字結內獅子印、「皆」字結外縛印、「陣」字結內縛印、「列」字結智拳印、「在」字結日輪印、「前」字結隱形印，同時還要唸著配合該印的字。

結束後結刀印（參照後頁），在空中切成四縱五橫，稱為「切九字」，同時並唸九字——臨、兵、鬪、者、皆、陣、列、在、前——。

切完九字後，必須解除還原才行。這時，只要唸三遍以下的真言即可。「嗡　基里加拉　哈拉　大塔　藍巴索茲　索瓦卡。」

裂

智拳印

左手四指握起，只豎立食指，再用右手握住左手食指

者

內獅子印

左右互相用中指纏住無名指，其它各指豎立貼合

臨

普賢三昧耶印

左右手交疊於內，豎起食指貼合

在

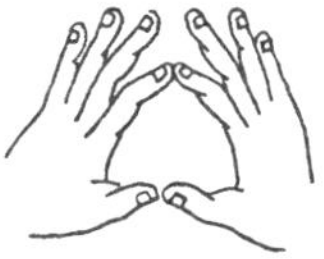

日輪印

左右拇指、食指指尖互貼，其餘各指張開

皆

外縛印

雙手朝外交疊，右手拇指置於外側

兵

大金剛輪印

雙手交疊於內，豎起食指貼合，以中指纏住

前

隱形印

左手輕握、右手貼於其上

陣

內縛印

左右十指互相朝內交疊，左拇指須朝內彎曲交疊

鬪

外獅子印

左右互相用中指纏住食指放下，其它手指則豎立貼合

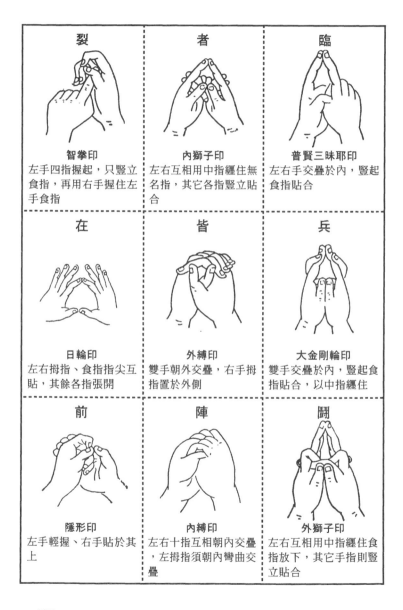

驅除惡靈，招來強運的九字護身法

刀印

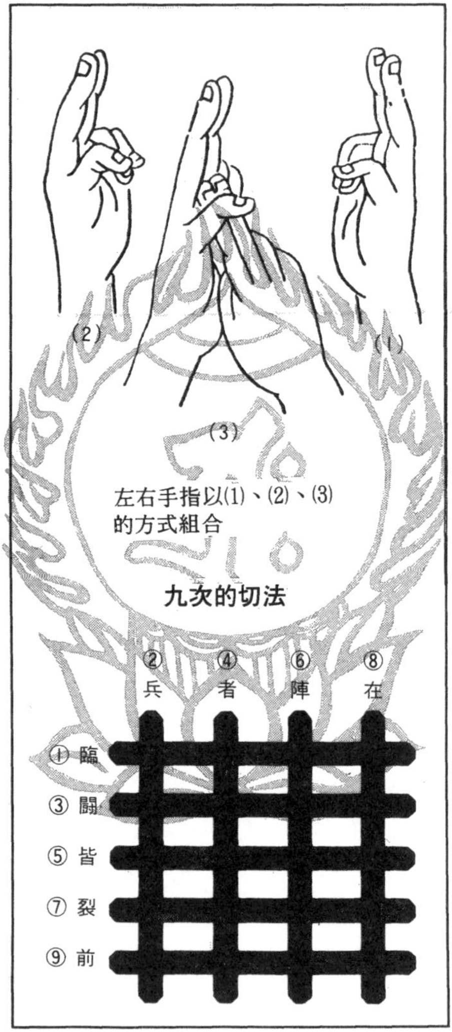

〔守護靈八尊真言〕

*千手觀音真言……嗡巴札拉達拉馬基里庫索瓦卡
*虛空藏菩薩真言……嗡巴札拉拉唐諾嗡塔拉庫索瓦卡
*文殊菩薩真言……嗡阿拉哈夏諾
*普賢菩薩真言……嗡山馬亞沙特班
*勢至菩薩真言……嗡山章章沙庫索瓦卡
*大日如來真言……嗡巴札拉達特班
*不動明王真言……哪馬克沙曼達巴札拉當康
*阿彌陀如來真言……嗡阿米里塔提在卡拉溫

〔藥師如來真言〕

嗡克洛克洛先達里馬特基索瓦卡

〔光明真言〕

嗡啊波恰貝伊洛夏哪馬卡波達拉馬尼汗德馬吉巴拉哈拉巴里達亞溫

note

密教開運咒法

原 著 者｜中岡俊哉
編 譯 者｜沈清課

發 行 人｜蔡森明
出 版 者｜大展出版社有限公司
社　　址｜台北市北投區（石牌）致遠一路 2 段 12 巷 1 號
電　　話｜(02)28236031 · 28236033 · 28233123
傳　　真｜(02)28272069
郵政劃撥｜01669551
網　　址｜www.dah-jaan.com.tw
電子郵件｜service@dah-jaan.com.tw
登 記 證｜局版臺業字第 2171 號

承 印 者｜傳興印刷有限公司
裝　　訂｜佳昇興業有限公司
排 版 者｜千兵企業有限公司
初版1刷｜1996 年 7 月
2版1刷｜2023 年 10 月

定　　價｜350 元

國家圖書館出版品預行編目 (CIP) 資料

密教開運咒法 / 中岡俊哉著 ; 沈清課譯
— 初版 — 臺北市，大展出版社有限公司，1996.07
面 ; 21 公分 — (命理與預言 ; 10)
ISBN 978-957-557-610-3 (平裝)
1.CST: 符咒　2.CST: 密宗
295　85005475

版權所有，不得轉載、複製、翻印，違者必究，
本書若有裝訂錯誤、破損，請寄回本公司更換。